我要的不多
只是爱和被爱

人间美好

[加] 兰斯·伍拉弗 著　　鲍勃·布鲁克斯 摄

李子旭 译

北京日报出版社

EDITORS NOTE
• 编者按

给薄情的世界画出深情

近年来,一部被评为豆瓣电影年度榜单年度冷门佳片的电影《莫娣》,获得了越来越多人的喜爱和追捧,口碑超过了经典的《英国病人》《罗马假日》,而《人间美好》这本书讲述的是《莫娣》的原型。加拿大传奇民间艺术家莫德·道利(Maud Dowley,昵称莫娣),她的真实故事比起电影更动人。莫娣天生有缺陷,罹患幼儿类风湿性关节炎,她的下巴向胸部倾斜,手指扭曲,常遭遇同伴的嘲笑与捉弄。儿时的莫娣被父母视为掌上明珠,然而随着父母相继去世,她被送去和姨妈同住。

姨妈家还算舒适,但莫娣不愿寄人篱下。她看到寻住家保姆的广告页,发布这则广告的人她见过,就是单身汉埃弗里特。埃弗里特当时已经四十四岁了,以卖鱼

为生，贫穷、脾气暴躁，甚至爱说大话，他知道即便贴了广告页，也不会有人来应征。

原本害羞的莫娣，第一次主动敲开了陌生人的门，这令埃弗里特惊讶不已。他们一个是身患重病的"丑女"，一个是性格怪异的"野人"，开始彼此间并无好感。经过短暂的相处，他们竟决定结婚，不顾姨妈的强烈反对和周围人的目光，这对挣扎在社会和生活边缘的

"怪胎"，在路边花朵的见证下结婚了。

他们的小屋几乎一无所有，但他们拥有彼此。莫娣喜欢埃弗里特开车带她去卖鱼，喜欢他向别人展示自己的画，喜欢为小屋画上色彩斑斓的画。埃弗里特因为莫娣变得温暖，他照顾莫娣的起居，四处为莫娣寻找各种绘画的材料，还为她种上甜豌豆花。

埃弗里特说："我不喜欢这世界上的大部分人。"

"这世上的大部分人也不喜欢你……但，我喜欢你。"莫娣笑着说。

莫娣最喜欢坐在窗边画画，她的画中充满了美好……她的画被越来越多的人喜爱，甚至尼克松总统都来购买她的画作。

如果没有埃弗里特，莫娣将会在姨妈家度过孤独的一生。虽然她的婚姻生活在贫苦中度过，但她想要的不多，正如电影中，莫娣温柔又笃定地回答埃弗里特："你给了我想要的一切，埃弗，一切。"这一生，莫娣想要的不多，她想要画画，想要爱和被爱，想要被平等对待。但愿意给她这些的人，只有埃弗里特。

在人生的最后，莫娣说："我在这里感到很满足，我是被爱着的"。

CONTENTS
• 目录

- CHAPTER 1　莫娣遇见了埃弗里特

    003　路边盛开的花朵，见证了他们的婚礼

    013　简单的生活，也是人生的馈赠

    025　人生中最好的伴侣是成就彼此

    041　懂得自己的珍贵，相信你值得被爱

- CHAPTER 2　莫娣美好的童年生活

    051　一点点幸福就能温暖整个人生

    062　人的一生，怎能没有爱与友情

- CHAPTER 3　莫娣与她的艺术

    075　浮生万物都被框成一幅画

    094　莫娣眼中这个色彩斑斓的世界

    108　两位艺术家眼中的美好世界

    128　在人生最后一刻，还在忧心未竟之作

    138　莫娣小屋将会一直温暖世人

    146　作者说：我可爱的邻居莫娣

    155　后记：每天太阳升起，照亮莫娣画满画的窗子

    162　致谢

    166　附录：每一幅都是她独特的艺术表达

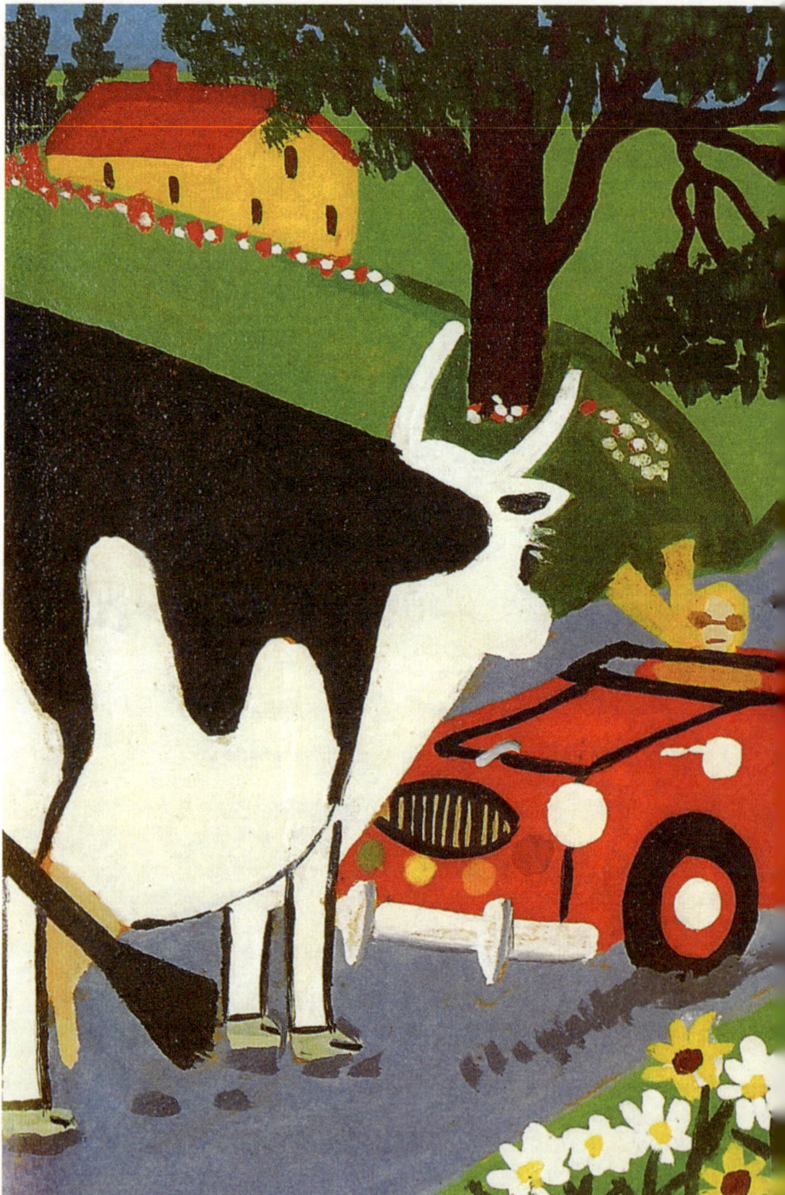

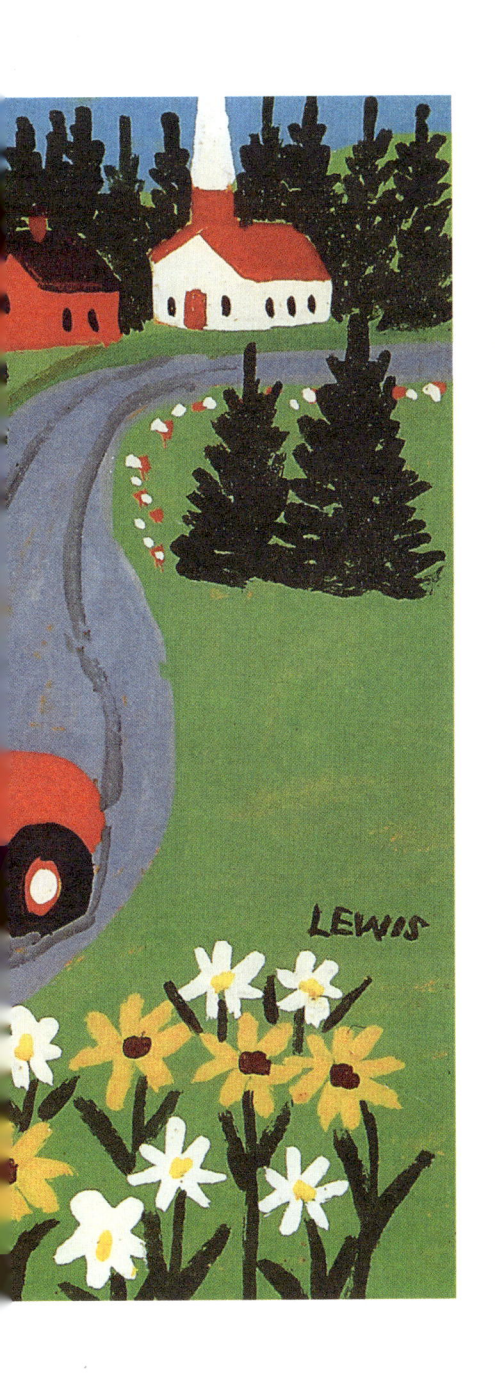

CHAPTER **1**

莫娣遇见了埃弗里特

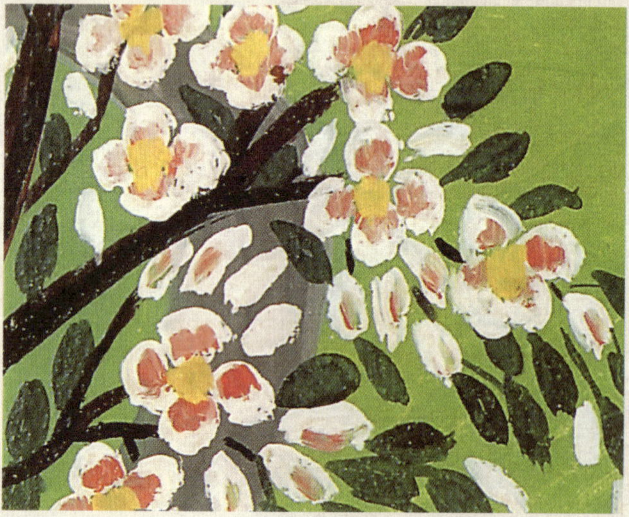

路边盛开的花朵，
见证了他们的婚礼

莫娣与埃弗里特结婚时，她三十七岁。

在那时的新斯科舍乡村地区，年轻女子通常十六七岁就结婚了，最晚不会超过二十岁。而莫娣直到三十多岁还没有结婚，虽然生活还算"过得去"，但是考虑到她的外貌和社会地位，她未来的生活并不明朗。

关于和莫娣的相遇，埃弗里特说他们第一次见面是在1937年。当时他四十四岁，还是单身，希望能够找一名女子做他的住家保姆。他在当地的商店里登了一则广告，但并没有提及结婚的事。他有一栋粉刷成白色的木瓦小屋，拥有一块土地，还有一辆福特T型车。

很难想象，他们的见面是害羞的莫娣主动的。在埃

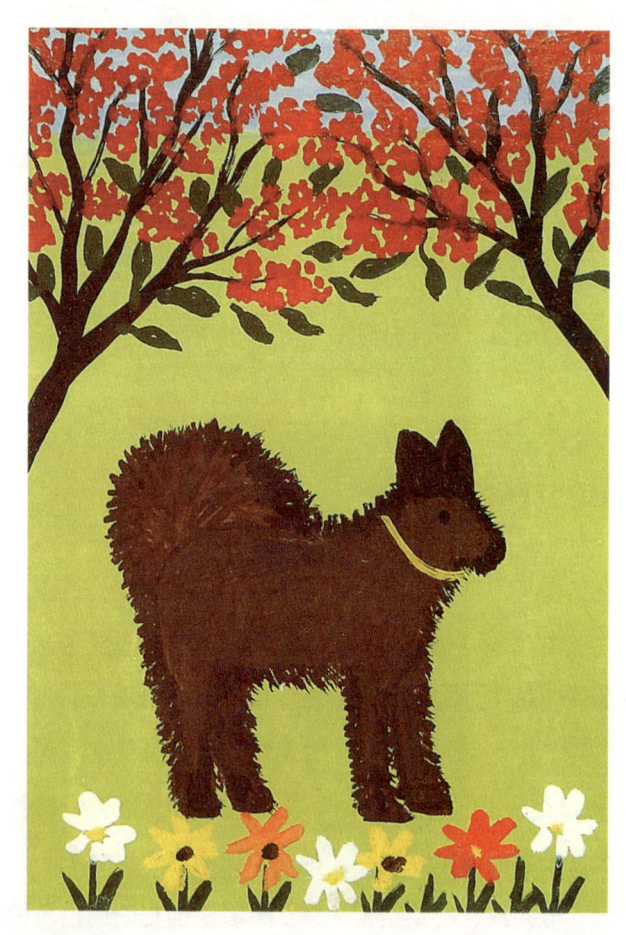

《棕色的狗》

年份不详 硬纸板 油彩 17.8cm×25.4cm 伍拉弗家族收藏

埃弗里特养了许多狗,画中的这一只叫比尔。

弗里特登出广告后不久，莫娣便拿着广告页，离开了舒适的姨妈家，步行穿过康威村来到公路上，又沿着铁路来到了马歇尔敦，最终她来到这间贫民农场旁的小屋，敲响了门。对埃弗里特来说，这一切发生得悄无声息而又出人意料，他没有决定好要接受莫娣的"应聘"。但是他一向凶猛的狗似乎嗅到莫娣将会成为这个家庭的女主人，对她有天然的亲切感。"我那时养了一只非常凶的狗，它从不让任何人进屋。但是莫娣来了，它一点反应都没有。这是不是很有趣？"

除了莫娣以外，没有人会回应那则广告。然而，埃弗里特仍十分犹豫，并没有立刻做出决定。甚至，他并没有出于礼貌开车送莫娣回家。"我步行把她送到了铁路地下通道那里，因为天已经黑了，我就让她自己回去了。"这个地下通道离他家大约1.6千米。然而，摇摇晃晃的莫娣要在黑暗中爬上9米高的河岸，才能回到艾达姨妈家。"第二天我在路上又碰到了她，但是没有和她打招呼。"

"几天后，她又来了，那一次是我开车送她回去的。然后我们就结婚了，她搬来我这里生活。"不善言谈的

《特别的一天》

约 1960 年　刨花板　油彩　31cm×36cm　雪莉·罗伯森收藏

多米尼安大西洋铁路连接着迪格比和马歇尔敦。看到埃弗里特招聘住家保姆的广告后，莫娣沿着这条铁路前去应征。

埃弗里特言简意赅地回忆道。

或许莫娣早已看穿，外表冰冷的埃弗里特有一颗温暖的心；另外，埃弗里特对待她的方式正是她一直渴求的，像对待正常人一样对待她。

莫娣几乎没有什么家当，她没有嫁妆也没有钱；她没法像其他女性那样，到伐木场做饭或是到鱼厂工作来养活自己。即便是贫穷的埃弗里特，他的财产也比她的多。

尽管姑妈反对，世人不理解，但第一次见面后没多久，他们就结婚了。根据埃弗里特的回忆，从他们初见到结婚，时间不超过一周。但这是不可能的，因为他们无法在一周之内找到牧师并取得结婚证书。埃弗里特自己也说过，他花了一段时间才接纳莫娣。

埃弗里特当时确实有一些顾虑，他曾在结婚前拜访过莫娣的亲属，询问她手部的残疾和病因，这或许是源于莫娣患有小儿麻痹症的传闻。确认莫娣的病不会传染后，埃弗里特和她结了婚。

认识莫娣的人都知道，她性格十分害羞，总是藏在埃弗里特和画作背后，加上当时的风俗习惯，她独自一人步行9.7千米到一个陌生男人家里,似乎不符合常理,但这确实是事实,是莫娣一生中做的最勇敢的决定。通过埃弗里特提到的莫娣与狗的故事,我们可以看出他不是一个容易被打动的人。即便他曾担心她的病情,但在短时间结婚,说明经过短暂的相处,他也发现了莫娣不为人知的美好。

莫娣的姨妈艾达·格梅因是一个善良且慷慨的人,莫娣不是她接纳的第一个"孤儿"。她收留了许多人,包括莫娣的表亲阿瑟·沙利文。沙利文曾回忆道:"艾达姨妈并不想让莫娣嫁给埃弗里特……想让她拒绝他,但莫娣很固执。艾达姨妈是个特别好的人,还是一个基督徒,她不信任埃弗里特……埃弗里特曾带着鱼来过姨妈的房子,他知道莫娣就在这儿,艾达姨妈也知道广告的事。"

莫娣是从格梅因家的一个年轻亲戚阿诺德·库克那儿得知了广告的事,他把这件事当作玩笑说给莫娣听,却万万没想到她采取了行动。埃弗里特的熟人弗里·西布雷回忆道,埃弗里特追求过莫娣,他的福特T型车起了很关键的作用。"结婚之前,他们经常在碎石坑那里

《鱼贩子、卡车和狗》

年份不详　板子　油彩　22.8cm×30.5cm　伍拉弗家族收藏

莫娣的丈夫埃弗里特·刘易斯是个很能干的鱼贩子。

《婚宴》

年份不详　伊顿画板　油彩　27.9cm×35.5cm　伍拉弗家族收藏

婚宴。

见面。"弗里说。他们也曾像其他伴侣那样热恋过，或许比普通人的爱情更强烈。而姨妈之所以不信任埃弗里特，很可能是担心莫娣的生活质量，埃弗里特不能给莫娣幸福。

当时他们的婚姻引起了人们的冷嘲热讽，但他们并不在意。虽然莫娣身体有缺陷，是一位大龄女青年，在当时可能没有人想过娶她，但她有自己的坚持，她拒绝了埃弗里特做"住家保姆"的提议，坚持要结婚。如今在世的人们，没有人能记起他们的婚礼。然而，莫娣用画笔把它记录了下来：马车载着高大魁梧的埃弗里特和娇小的莫娣行进在乡村的马路上，两侧是一排排的苹果树和郁金香。没有前来祝福的人们，只有路边盛开的花朵，这是一个宁静的婚礼。

"我给这幅画取名为《婚宴》。"莫娣对买家说。

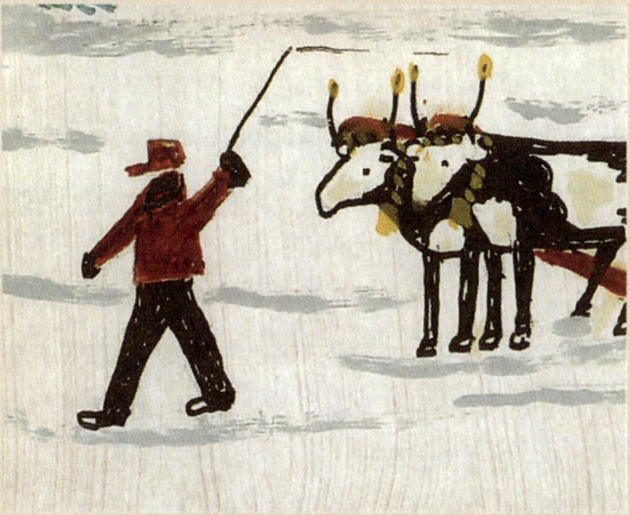

简单的生活，
也是人生的馈赠

莫娣嫁给埃弗里特后，心甘情愿地过上了清贫的生活。要知道有一群十分关照她的亲戚愿意收留她，道利家族和格梅因家族在当地都属于小康之家。对莫娣来说，艾达姨妈的房子虽不算豪华，但却是整洁、精心布置的，如果她想，那是一辈子欢迎她的家。那栋房子质量非常好，相比之下，莫娣夫妇的房子简直像一个饼干盒。

1926年，埃弗里特从鲁本·阿普特那儿买了一块地，这块地的面积大概45米×40米左右，就在马歇尔敦的公路旁。不久，埃弗里特把他的小屋搬到了这里。

这栋小木屋只有一个房间，上面连着睡觉的阁楼。它几易其主，最终被埃弗里特买了下来。这栋房子没有

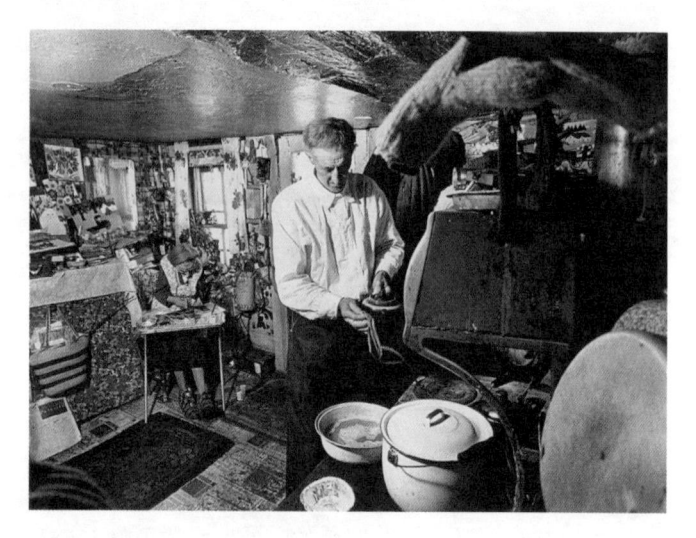

莫娣画画时，她的丈夫埃弗里特在一旁做家务。这就是莫娣婚后居住的地方，三十二年间，这里既是她的家又是她的工作室，也是她的"画布"。

地基，外部和屋顶覆盖着云杉木瓦片。

或许，埃弗里特不该买下这栋房子，因为它实在不适合又高又瘦的他。

在遇到莫娣以前，埃弗里特总会和人们提起他的房子，只要对方愿意听，他会一直说下去。他告诉人们这栋房子为他所有，他用了一支牛队才把它拉了过来。他有点爱吹牛，严重夸大了房子的大小和重量，以及搬迁时牛队的规模。

他经常会问前来的拜访者:"你猜我用了多少头牛才把房子搬了过来?"

"两头。"

"不对,不对!十头牛才搬得动!当时大家都把牛牵来了,有西利家的男孩,伯恩斯和本,哈罗德·西姆斯和弗雷德·瑞恩,他们都来了,"埃弗里特吹嘘道,"为了把房子从地面上拉起来,他们用钩子固定住它,就好像把船锚扔到黑达尼号上一样。"在20世纪20年代的迪格比县,十头牛的阵仗足以引人围观,二十头牛甚至能搬动一座锯木厂。

对埃弗里特而言,这栋房子是他能拥有的最好的家;但相较于莫娣以往的家——艾达姨妈家,这间房子实在过于简陋、破旧。

然而,莫娣在这间房子里画满了色彩欢快的画。

这栋房子狭小的空间和莫娣的装饰风格一直被人们津津乐道。一位参观者说:"房子里的每一个平面都被莫娣画上了花朵和蝴蝶,就连黑色的灶台也被装饰一番。我们接受了主人的邀请,本打算在屋里坐一会儿、喝杯

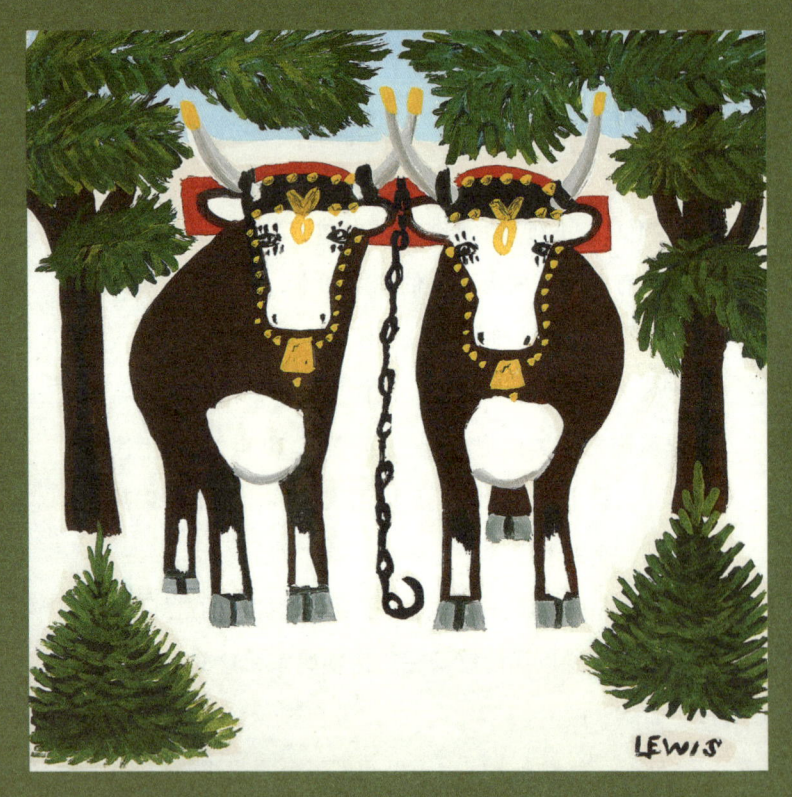

《云杉树下》

年份不详 板子 油彩 22.8cm×30.5cm 伍拉弗家族收藏

莫娣笔下的牛通常会戴着红色的加拿大头轭。

无题

1968 年　刨花板　油彩　40.4cm×52.8cm　安妮·弗林收藏

在 20 世纪 40 年代的迪格比县,牛的用途是多种多样的。在这幅画中,它们正在拉着雪橇运木材。

018 人间美好

无题

约 1960 年　板子　油彩　30.5cm×35.6cm　布鲁斯·S.C.奥兰德先生收藏

莫娣知道，牛是出了名地受不了夏季的高温。

茶，但却找不到一把可以坐的椅子。埃弗里特似乎不善于打理家务，所有椅子上都堆满了书、衣服还有画画的材料。"在莫娣的艺术遗产中，这栋简陋的房子，也就是今天的莫娣·刘易斯之家，一直是人们关注的焦点。

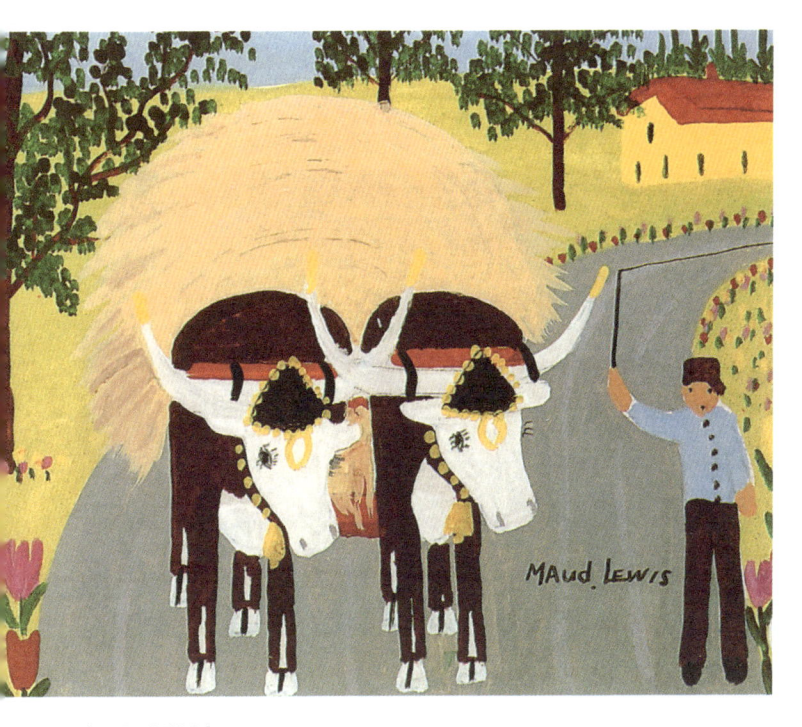

CHAPTER 1 · 莫娣遇见了埃弗里特   019

《两头同轭的牛》
年份不详　纤维板　油彩　33.0cm×45.0cm　约翰·菲尔里特、克莱维·沃尔收藏
莫娣画过不同季节的牛。秋天，它们会从堤坝出发，将干草运到谷仓。

尽管莫娣拥有了一个临时、属于自己的房间，但是克莱尔·斯坦宁表示，莫娣真正想要的是一个拖车，这样她就有足够的空间放置绘画材料。1965年，在《遥望群星》系列纪录片播出后不久，迪格比县的杜塞特一家送了莫娣一辆小铁皮拖车,并把它安置在她家的后院里。拖车里有一个油炉、一套桌椅和一台冰箱,虽然在深冬时节,莫娣没办法在拖车里作画,但是在夏季,拖车为她提供了一个干净而明亮的环境。

房子或许由埃弗里特掌管,但拖车完全属于莫娣。它忠心地陪伴着她,直到她的健康状况不再允许她前来作画,这是莫娣唯一完全属于自己的财产,奇怪的是,她从来没有装饰过它,或许是因为拖车的金属表面不太容易上色。埃弗里特是出了名地小气,而莫娣向来对他人的帮助心怀感激,她将自己的画作为礼物回赠给杜塞特先生。至今,杜塞特家族仍然保留着一幅莫娣早期在纤维板上创作的绘画作品。

嫁给埃弗里特后,莫娣的生活水平可能有所下降,但她并不介意。她欣然把这栋小房子作为自己的归宿,自豪地以埃弗里特的妻子自居。她很喜欢在家门口拍照,因为这栋房子是她人生成就的证明:她是刘易斯太太,一个有家的女人,她和丈夫过着一种安稳、体面而独立的生活。

"我在这里感到很满足,我是被爱着的。"她说,"反正我不太喜欢外出，我的生活中只要有画笔就足够了。"

莫娣和埃弗里特都是挣扎在社会和生活边缘的"怪胎"。一个是身患重病的"丑女"，一个是性格怪异的"野人"。他们的爱情和他们的生活一样，"寒酸"得不成样子。然而就是这样的一对恋人，却活成了令人艳羡的神仙眷侣。

《运草牛车》
年份不详　刨花板　油彩　23cm×30.5cm　私人收藏
一起工作的两头牛通常被称为一个"组合"或者"同轭"的牛。莫娣也画过独自工作的牛，俗称"达贡"。

无题

约 1965 年　板子　油彩　30cm×30.5cm　伍拉弗家族收藏

20 世纪 60 年代末,就在莫娣去世前不久,她为丈夫埃弗里特画了这幅肖像。

无题

年份不详　板子　油彩　29.5cm×39.2cm　道格拉斯·E. 刘易斯医生收藏

莫娣笔下的牛从事着许多种工作。在这幅画中,它们在结冰后的路面上拉着重物。

人生中最好的伴侣是成就彼此

结婚后,莫娣和埃弗里特分别负责操持家务和赚钱养家。

那时,埃弗里特以卖鱼为生。他做生意相当随意,这一点从他当初登广告招聘住家保姆这件事就能看得出来:如果有必要,他会娶这个女人为妻,但也不是绝对的。

不幸的是,埃弗里特最初的计划落空了,莫娣并不能胜任住家保姆的工作。幼儿类风湿性关节炎导致她的手指像龙虾的钳子一样扭曲。渐渐地,她无法抓住重物,不得不借助一根叉子形的柳条才能把东西拿起来。

和勤勉持家的母亲相比,莫娣肯定曾为自己的无能为力感到懊恼。然而,事实上,即使她是个身强力壮的农妇,也不见得能把家务打理得多好。毕竟,这栋房子

《卖鱼》

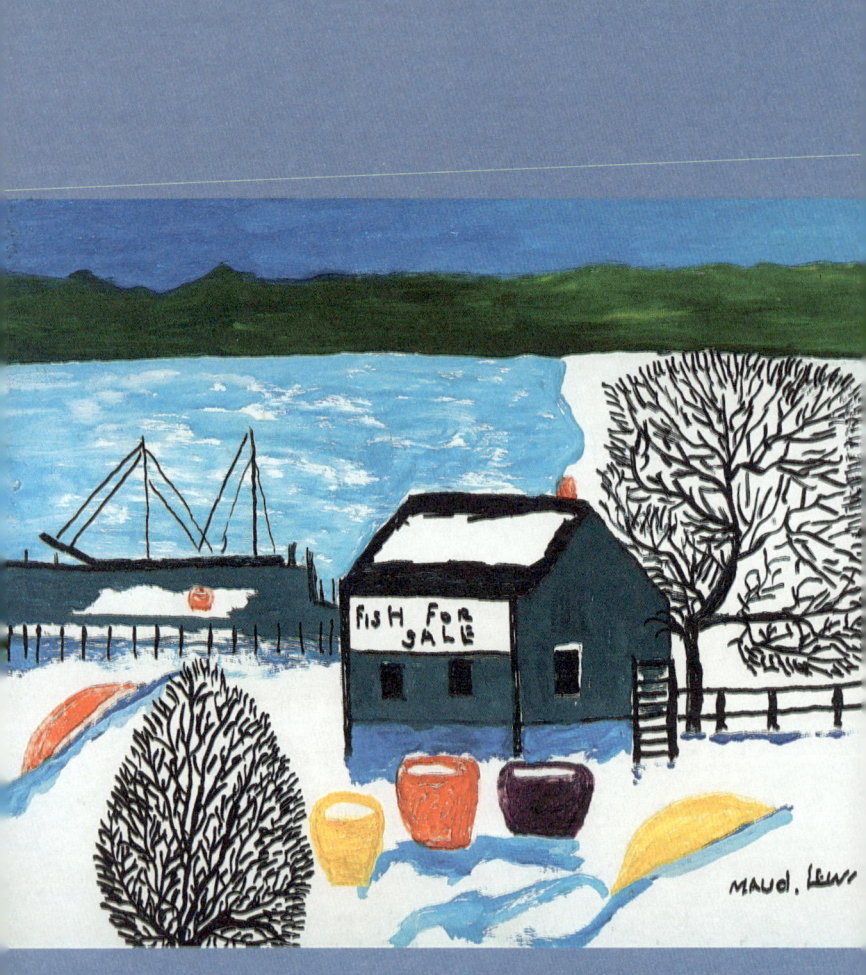

年份不详　板子　油彩　22.8cm×30.5cm　伍拉弗家族收藏

埃弗里特·刘易斯在码头上买好鱼后，将它们兜售给附近城镇和村庄的农妇。

里连储藏室、浴室和厨房都没有，更别提自来水、电和电话了。家里的用水全靠草坪上的一口井，它由石头砌成，上面盖着几块木板防止田鼠掉进去。

房子里的阁楼是莫娣和埃弗里特的卧室，它是一个三角形的狭小空间，只能通过梯子进入。有一次，布莱顿的托尼·阿姆斯特朗医生来给莫娣看病，他甚至无法通过那架狭窄的梯子进入阁楼，最后他们不得不把莫娣抬了下来。虽然这架梯子后来被楼梯取代，但莫娣常常会选择在炉子旁的沙发上睡觉。

莫娣家的炉子又大又笨重，需要不断放入木柴。炉子里只要稍微有一点向下的气流，满屋就充满烟尘，摆平这些气流可不是件容易的事。除了炉子，小屋的空间所剩无几，摆满了夫妻俩的日常生活用品。他们把大衣挂在墙上，把食物放在面包盒里，在炉子上挂上电线，用来晾干手套和衣物，剩下的空间被一张沙发和几把椅子占据。小屋的墙上贴着色彩鲜明的日历，天黑以后，油灯照在上面显得格外好看，非常符合莫娣的审美。由于这栋房子常年漏风，他们不得不在室内备好柴火来取暖。在他们三十多年的婚姻生活中，埃弗里特从未对房

埃弗里特将取暖的木头锯开。

子做过修缮,尽管莫娣的亲戚一次又一次向他建议,他也有充足的资金可以重新装修。

起初,埃弗里特有可能觉得自己在这段婚姻里吃了亏,因为莫娣的关节炎越发严重,渐渐行动不便。埃弗里特小心地照顾着莫娣的情绪,从不因她在家务上的失职而责备她。但他会告诉来访者,是他做了大部分家务。虽然没能找到一个为他操持家务的女主人,但埃弗里特很快接受了现实。

他有能力满足两人生活的基本需求,毕竟他一生中大部分时间都是靠自己生活。埃弗里特的早年生活十分不幸,每当回忆起这段经历,他总是流露出悲伤和遗憾。埃弗里特早年住在贝尔河附近,在父亲伯顿·刘易斯失去了他们贝尔河的家后,他和母亲由县里安置到马歇尔敦贫民农场的救济房。后来，埃弗里特被送到农场，他开始用劳动换取食宿，减轻母亲玛丽·埃弗里特的负担。他一年的工作从春天的开垦和种植开始，直到10月收获苹果的季节。他每天要用长柄锄头在地里锄草，把草垛压实，早晚还要给奶牛挤奶。有的雇主待他不错，能让他吃上一口饱饭，有的则很吝啬，不会为他提供足以饱腹的食物。早年的经历让埃弗里特受够了务农，他决心余生都不再和它打交道。

对于埃弗里特来说，每年最迫切的问题是找个地方过冬。因为在冬天，农场里没有那么多需要男人做的工作。在后来的几年里，他还在韦茅斯的马伦伐木场做了至少两个冬天的帮厨，其间他学会了烤面包。

虽然埃弗里特没怎么上过学，但他积累了很多实用的生活知识。莫娣不会烤馅饼，他就承担了这项工作，第一步就是到荒废的果园里摘苹果。他知道如何用铜丝制作捕兔子的陷阱，并沿着它们的踪迹放置。他知道胡瓜鱼什么时候洄游，然后顺着水流将它们捕入网中，每次所获足够他和莫娣饱餐一两顿。当秋天来了，胡瓜鱼的洄游结束，小溪逐渐干涸，他还是有办法弄到新鲜的

莫娣夫妇的晚餐是埃弗里特自制的面包。

食材,他知道巴尔顿有蛏子可以捞,湾头有盘子那么大的蚌蛎。

埃弗里特是一个拾荒高手,他善于装作一个走投无路的人,总是可以不费力气地弄到一些东西。为了给房

无题

约 1960 年　板子　油彩　30.5cm×35.6cm　布鲁斯·S.C.奥兰德先生收藏

莫娣笔下的农场，总是不见任何栅栏、铁丝网或是鞭子。

无题

约 1960 年　板子　油彩　30.5cm×35.6cm　布鲁斯·S.C. 奥兰德先生收藏

时至今日，你仍有机会在迪格比的长码头上看到渔民在修补渔网。

无题

年份不详　刨花板　油彩　30.1cm×34.9cm　道格拉斯·E.刘易斯医生收藏

这是秋季的农田，画中的一人一马正在为晚些时候的耕种做准备，旁边还意外地出现了春天才开放的郁金香。

无题

年份不详　板子　油彩　39.2cm×52.4cm　道格拉斯·E.刘易斯医生收藏

对这匹幸运的挽马来说,能够从冬季谷仓繁忙的工作中暂时抽身,为制作枫树糖浆收集树液,也算是一个休息的好机会。

子取暖，他想尽各种办法，终于找到一个散架的炉子。当时，他正给一位当地的农民打工，睡在他家的谷仓里，炉子就是在那儿发现的。他把炉子的零件一块一块地运回家。他还在贫民农场后面的垃圾堆里找到了一些尚能使用的炉栅。此外，他还在灶面上放了一个保温箱和一个用来烧水的水箱。莫娣搬进去以后，为这个炉子画上黄色雏菊。

在房子的四周，埃弗里特还建了几个破破烂烂的棚屋。其中一个是他们的卫生间，但是埃弗里特没有给它做保温处理。

有两个棚屋分别用来养鸡和养狗，还有一个棚屋是埃弗里特的工作室，他常在那里做一些粗糙的木工活。所有的棚屋都东倒西歪的，像是被雨淋过的木板箱。埃弗里特从没想过给它们铺上瓦片，只是用车床把油布固定在木板上，制作简易的棚顶。

埃弗里特到处搜罗了各式各样的工具，包括镰刀、锯子、锉刀、刮刀、锄头、铲子、叉子、钳子、锛子和斧头。人们常说，他拥有的工具数量在新斯科舍数一数二，但他很少使用。

房子后面有一片草地,那是他们的浪漫之地,埃弗里特总是把草地修剪得整整齐齐。莫娣喜欢坐在那里观察蝴蝶,欣赏甜豌豆花。这些甜豌豆花顺着电线和绳子不断向上攀爬,莫娣很快就够不着它们了。它们开得十分旺盛,让埃弗里特颇有成就感。看起来冷酷的埃弗里特,也有着暖男的一面:如果购买莫娣画作的顾客是一位女士,他就会隆重地摘下一朵甜豌豆花送给她。

莫娣和埃弗里特很少购物,他们过着自给自足的生活。埃弗里特有一个很大的菜园,他在里面种了土豆。他从沿途的果园采摘水果,用捕到的鱼换取农产品,他们的主食是从商店购买。莫娣的愿望清单,通常是姜饼和香烟,她喜欢抽卡米欧香烟,而埃弗里特更喜欢便宜的嚼烟。

埃弗里特很少买那些容易腐烂的东西,罐装的炼乳、豆子、沙丁鱼和腌牛肉是他的首选。家中新鲜的牛奶和黄油通常是莫娣的朋友或赞助人送的礼物。

莫娣在家务上帮不上忙,于是她开始重拾画笔,绘制圣诞卡片。每年的5月到10月是气候最宜人的时节,埃弗里特会开着他的福特T型车载着莫娣出去卖鱼。莫

无题

年份不详　板子　油彩　27.3cm×30cm　唐娜·卡梅伦收藏

莫娣喜欢画甜豌豆、郁金香还有玫瑰。苹果花开，鸣禽归来，对莫娣来说是一幅值得记录的画面。

《当汽车遇上奶牛》

年份不详 板子 油彩 22.8cm×30.5cm 伍拉弗家族收藏

画中的人物是保罗·刘易斯,他是莫娣的赞助人道格·刘易斯的儿子。

娣太害羞了，她往往坐在车里等待，而埃弗里特会把她的作品展示给买鱼的顾客。很快，埃弗里特发现，莫娣对家庭的贡献远远超过他之前设想的操持家务。对于从小贫穷的埃弗里特而言，金钱十分重要。虽然他几乎不怎么花钱，但这无疑增加了他内心对莫娣的欣赏。

这样的家庭分工让莫娣找到了自我价值感，这是她一直想要拥有的。她喜欢坐着埃弗里特的福特T型车四处兜风，早年间售卖卡片的经历，是她人生中快乐又满足的回忆。然而，售卖卡片的日子很快就结束了。到了1939年，埃弗里特成了贫民农场的守夜人，莫娣开始在家中卖画，一直持续了三十多年。莫娣作画的时候，埃弗里特打理房子、炉子还有花园，照看贫民农场。他们一起迎接前来购画的游客，他们是天作之合：埃弗里特负责交易，而莫娣负责专心画画。

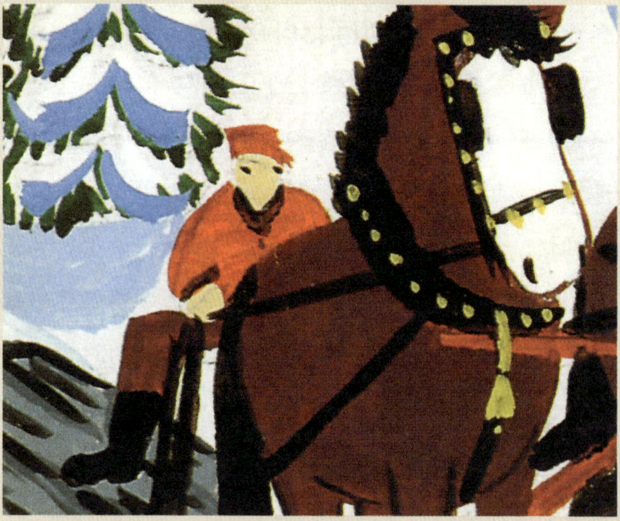

懂得自己的珍贵，相信你值得被爱

莫娣和埃弗里特共度三十二年的婚姻生活，他们已成为彼此生命中最重要的人。除了早年间曾跟着埃弗里特出去卖过圣诞卡片，去过一次哈利法克斯旅行，她大部分时间都坐在窗边的角落里，观察着被禁锢在窗框中的世界。那些景象看似静止，在她眼里却总是生机勃勃，她一边画着，一边望着窗外人来人往、四季流转。

她从不侍弄花草，也不去教堂，几乎没有什么社交活动。她从未到火车站或汽车站见过朋友，从未外出在餐厅吃过饭，甚至从未在商场买过一件衣服。婚前，她很少体会社交活动的乐趣；婚后，这种乐趣更是少之又少。

与其他民间艺术家相比,比如美国的摩西奶奶和英国的海伦·布莱德利,莫娣很少画人物,她主要画四季的风景。但是,在动物、小鸟、花朵和日落等景物中,

大多数乡村人家会将马蹄铁竖起来钉在门上,认为这样能够"留住"好运。照片中的埃弗里特正在用雪橇把柴火运回家。

有一个男子的形象频繁出现：他身材瘦高，穿着乡村服饰，上身是一件黑色边的红毛衣，头上是一顶有耳罩的红色帽子，手上戴着针织手套。毫无疑问这就是埃弗里特，有时他会穿着格子花纹的伐木工夹克出现在画中。在莫娣的笔下，埃弗里特进行着各种各样的活动，比如赶着拉木头的牛群，给闹脾气的马匹套上挽具，把木头拖到磨坊，陪着莫娣坐在一辆老式的福特 T 型车上。如果你不相信画中人就是埃弗里特，鲍勃·布鲁克斯在 1965 年拍过一张照片：照片里的埃弗里特穿着和画中一模一样的衣服。

莫娣笔下所有的樵夫、照看动物的人都是按照埃弗里特的形象绘制的。这些画面十分欢快，这个人物形象让人感觉亲切温暖，想必在莫娣心中，埃弗里特是一个善良而可靠的人。他是她乡村风景图中唯一的人物形象，从这点来看，他对莫娣的重要性不言而喻。

尽管埃弗里特有种种缺点，但是他给予了莫娣真正的陪伴。他不仅操持家务、打理花园，还要确保炉内的火没有熄灭，并准备一天的饭菜。他偶尔会喝得酩酊大醉，经常说谎，喜欢夸夸其谈。但如果没有他，莫娣很

《贝尔河》

年份不详　伊顿画板　油彩　27.9cm×35.8cm　伍拉弗家族收藏

莫娣喜欢把埃弗里特画得伟岸一些。在这幅画中,他身着标志性的红色毛衣和红色帽子,赶着两头强壮的牛。

无题

年份不详 板子 油彩 30.3cm×35.3cm 道格拉斯·E.刘易斯医生收藏

莫娣·刘易斯对自己的工作很满意,她笔下的马匹也是如此:它们昂首阔步,自信满满地拉着重物。

可能做不了自己最喜欢的事情：随时随地地画画，想画多少画多少，想画到什么时候就画到什么时候。

埃弗里特还给她找来油漆、刷子、木板，为她提供食宿，这对于莫娣来说已经足够了。他给予了莫娣充分的自由、尊重以及安全感。莫娣画中的高个男子确实是埃弗里特，或许莫娣是爱他的，她感觉自己是被爱着的，对他充满了感激之情，所以才把他放在画面中突出的位置。

莫娣去世时，埃弗里特七十七岁。他的牙齿早已掉光，但因为抠门不愿意买假牙。他虽然视力不好，但从来不在公共场合戴眼镜。他有时候说话发音不准确，总是令人捧腹。莫娣去世后，埃弗里特在他们家的小房子里独自生活了九年，但他的性格丝毫没有改变。他时而暴躁，时而亲切，完全取决于前来拜访的人。他虽然不缺钱，但仍不断向人们售卖画作。在外人眼中，他是个"守财奴"，或许是因为在莫娣生前他们一起过着贫苦的日子，埃弗里特不愿意花掉他们的积蓄。埃弗里特的脾气很差，就像《织工马南》中的塞拉斯·马南，他将现金分别埋在花园和房子的地板下，或许是为了弥补自己童年时对金钱的匮乏感。但是在危急时刻，他是心甘情愿地掏钱。最后一次救护车来接莫娣的时候，他拿出五十美元"贿赂"司机，想让司机把莫娣带到哈利法克斯的医院，不要去当地的医院。在埃弗里特心里，哈利法克斯的医院更好一些。

莫娣去世后，埃弗里特的性格变得越发古怪。他穿着破烂肮脏，大衣随风飘扬；他凹陷的脸庞布满了胡茬，一双明亮的眼睛总是不安地打量着周围的一切。他一年四季都穿着那件格子花纹的伐木工夹克，把脖子上的纽扣扣得紧紧的。每次他在公开场合说大话时，都会有人这样说："他要是再不小心点，迟早会大难临头。"果不其然，1979年一个年轻人闯进了埃弗里特的小房子，想偷走他装现金的箱子。为了保护自己的财产，埃弗里特在争夺中丢了性命。

不少邻居们认为他用爱守护了莫娣，为他的离世深感难过。然而，在不亲近的人看来，埃弗里特是一个孤独的守财奴，这一切都是他咎由自取。

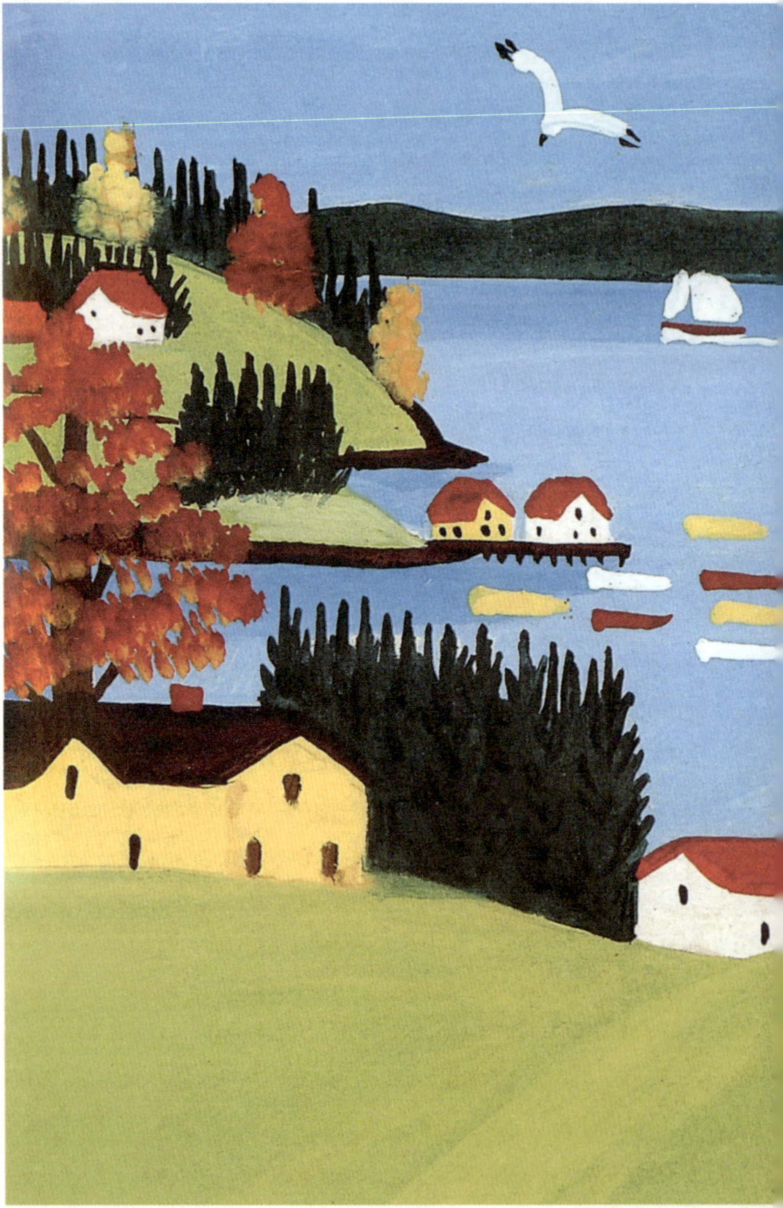

CHAPTER **2**

莫娣美好的
童年生活

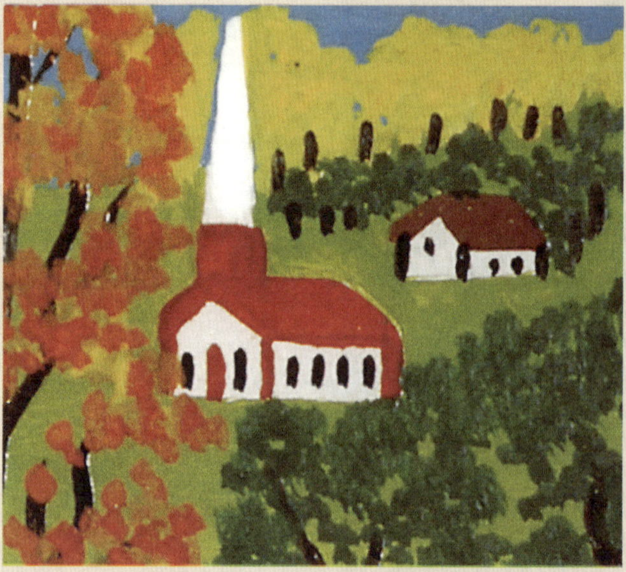

一点点幸福就能温暖整个人生

莫娣出生于1901年3月7日,有一个比她大六岁的哥哥查尔斯,她是父亲的掌上明珠。莫娣从小患有幼儿类风湿性关节炎,这使她的肩膀总是不自然地倾斜,下巴靠向胸前。从出生那天起,母亲就对她格外地呵护。

内莉·穆伦收藏

莫娣的父母:艾格尼丝·玛丽·道利和约翰·尼尔森·道利(杰克·道利)

她还有两个早夭的弟弟——维克多和乔治。

莫娣的父亲杰克·道利身材魁梧、受人爱戴,既是铁匠又是马具匠。他独自奋斗,努力过上了小康生活。雅茅斯以林业和渔业为经济基础,是当时世界上注册吨位第七大的港口。那时候的树林里,到处都是伐木场。马具匠打造牛、马用的挽具,每件挽具都是独一无二的,品质最好的那些都有着精心的装饰。在当地,杰克·道利是一位受人尊敬的工匠。

莫娣的母亲艾格尼丝是格梅因家族的一员。她身材娇小,长着一头略带金黄的红色头发,酷爱薰衣草味道的香水。她总是戴着精致的帽子和丝巾,喜爱黑色的漆皮鞋。她热爱音乐,会弹钢琴,让孩子从小在艺术的环境下成长。查尔斯后来成为一位出色的舞蹈乐队乐手。艾格尼丝的亲戚格梅因一家和沙利文一家虽然都是伐木工人和装卸工人,但拥有绘画和民间雕刻的天赋。可见,莫娣的创作能力在她的家族中并非史无前例。

艾格尼丝喜欢和朋友们玩纸牌游戏。在道利家,每轮游戏结束后,大家会一起喝茶。据说,艾格尼丝很擅长打牌,她自己设计了一套策略——先把牌放在腿上,如果牌的顺序不如对手的好，她就可以重新排列。想必莫娣安静和聪明的天性继承自她的母亲。

从母亲那里，莫娣得到了艺术上的启蒙。母亲教她绘制圣诞卡片，然后挨家挨户地售卖。在当时，不论你卖的是鲜花、圣诞花环还是篮子，这种方式并不常见。在我们看来，手绘卡片来赚取圣诞费用太费力了。

艾格尼丝每张卡片卖五美分，这也是莫娣结婚后售卖卡片的定价。她们用来画画的纸张十分粗糙，是学生最常用的空白练习纸。当莫娣回忆在童年时期母亲的指导时，她提到自己曾使用过蜡笔，"我以前经常用蜡笔画画，算是一种练习"。目前，人们还没找到莫娣和她母亲早期绘制的卡片，但是它们有可能与莫娣后来的作品十分相似。我们以为圣诞卡片上多会出现节日场景，但是莫娣绘制了很多她童年时期在雅茅斯见到的小动物。

艾格尼丝还教给莫娣一个特殊的技巧——用金属箔纸包装麦穗。在雅茅斯，小麦束、芦苇和大麦随处可见。箔纸来自于香烟包装，莫娣有一个金属箔纸作品曾被珍藏了近二十年。莫娣直至成年后仍乐此不疲地

无题

年份不详　刨花板·油彩　30.1cm×36cm　道格拉斯·E. 刘易斯医生收藏

艾格尼丝·玛丽·道利、莫娣·道利、查尔斯·道利

做这个手工。那些观看过她制作过程的人，都惊叹不已——她扭曲的手指竟然能做出如此复杂的箔纸作品和小麦束。

　　童年时期，莫娣是个快乐的孩子。她眼睛明亮，极具艺术天赋，善良热心。她家有一架钢琴和一台留声机，他们家在当地是相对富裕的。"那些日子都过去了，"她回忆道,"我们曾经有一台带唱片的留声机,上面有个又大又圆的喇叭。"莫娣的童年几乎没有经历过贫困的生活。她的母亲持家节俭,一家人过着自给自足的生活,莫娣真正体会到贫穷和拮据是嫁给埃弗里特之后。

莫娣扭曲、残疾的手指,畸形的下巴还有佝偻的身体,是幼儿类风湿性关节炎留下的后遗症。在一张儿时的照片中,莫娣站在农舍门口,前面是一只白猫。即便罹患疾病,她迷人的微笑和温柔的眼眸都闪耀着欢快的光芒。

莫娣不能像普通孩子一样,正常上学。她在十一岁时完成了小学一至三年级的学习。正常来说,十一岁的孩子应该进入五年级或六年级了。或许因为她的健康状况欠佳,或许是因为在那个年代学校很难招到老师。

总之,莫娣的童年充满了美好,有父母的疼爱、宠物的陪伴,还有音乐和绘画的熏陶。她深刻地记得与家人在一起的时光。在一次采访中,她回忆到一家人在周日午后郊游,"我们经常全家人一起去海滩野餐,但是现在他们都不在人世了"。

莫娣和毛毛
内莉·穆伦收藏

年少的幸福时光给莫娣留下了深刻的印象,或许这也是为什么她的作品充满温暖与天真。

无题

年份不详　纸　水彩　墨水　8.5cm×13cm　私人收藏

无题

年份不详　刨花板　油彩　35.7cm×30.7cm　唐娜·卡梅伦收藏

莫娣总是给猫咪取名为毛毛，猫咪和花是她最喜欢的作画题材。

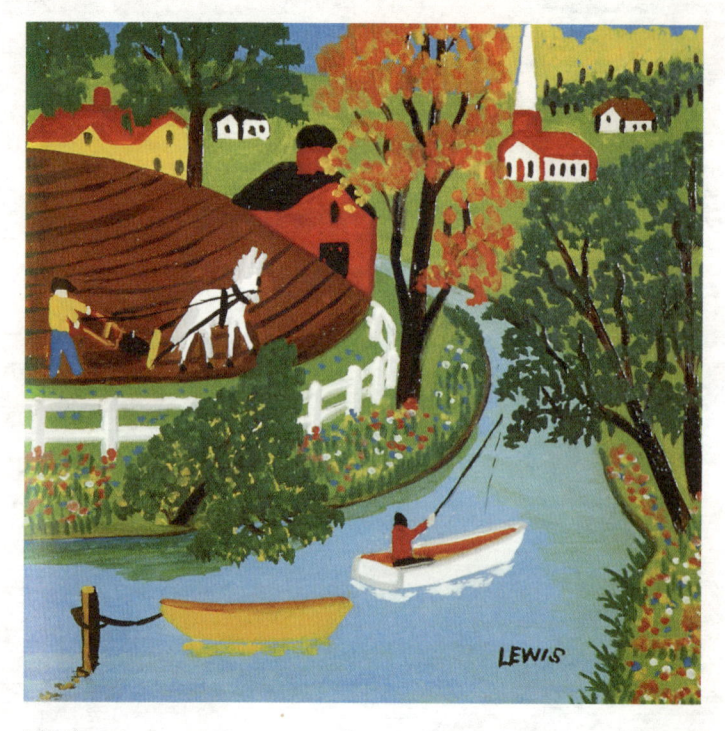

《春日》

年份不详　刨花板　油彩　28cm×30cm　雪莉·罗伯森收藏

在莫娣的记忆中,她在雅茅斯的青葱岁月如同无人打扰的田园风光。

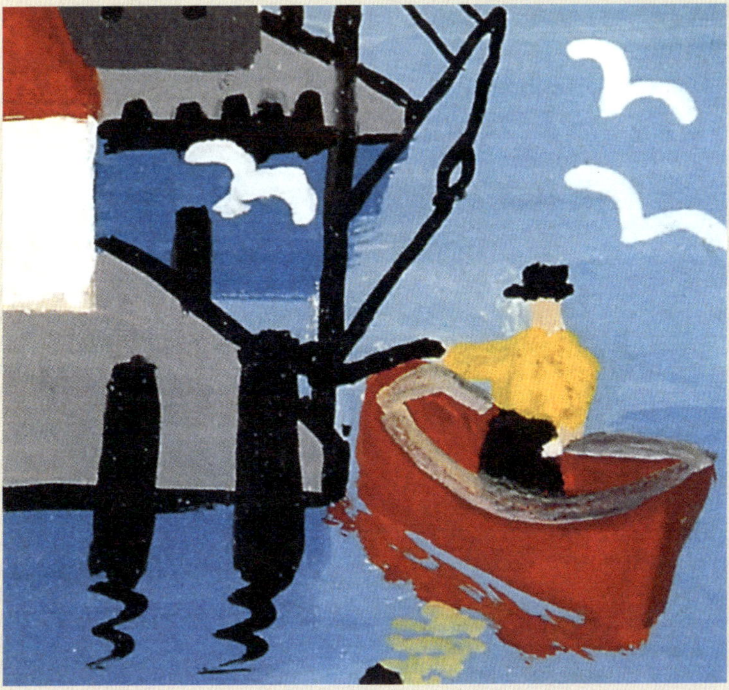

人的一生，
怎能没有爱与友情

　　莫娣的父亲杰克·道利在雅茅斯的詹金斯街开了一家小店铺，从事马具生意，道利一家住在霍桑街。詹金斯街的生意都十分红火，这条街上除了她家的马具店外，还有油漆店、电报局和采购商。店铺离港口很近，从前门望去，就能看到渡轮驶进港湾，经常能听到汽笛的尖啸。从古至今，雅茅斯都是新斯科舍省的重要海港，拥有优质的学校和医院。

　　莫娣的父亲是一个沉默寡言的人，工作起来严肃而专注。当汽油机得到普及后，他便转行维修皮革或帆布制品，比如女士手提包、水手的行李袋还有旅行者的箱子。杰克·道利通过自己的努力，尽力让一家四口过上舒适的生活。

在人们的印象中，父亲杰克温和、开朗而富有耐心；莫娣的母亲艾格尼丝则是一位害羞而内向的女士，她不喜欢与人谈天说地，也很少出门。

然而，他们的儿子查尔斯却是个社交达人，人缘极佳，在雅茅斯大街上的国会剧院担任经理，还是四号门乐队的萨克斯手。当地的每个人都认识"查理"（查尔斯的昵称），直到现在还有一些女士记得查尔斯当年的风采。

莫娣古灵精怪，却因身体畸形饱受折磨。她八年级没念完就退学了，孩子们在街上碰到她总会捉弄她一番，嘲笑她的下巴。从家里到学校走路只需要二十分钟，但对莫娣来说却是极大的煎熬。莫娣的表姐伊娃·格雷在学校任教，莫娣经常去找她倾诉。

莫娣不能像其他同学那样到商店里打工，正因为如此她才有更多时间去做其他事。在母亲的悉心照料下，她学会了弹钢琴，并且坚持练习，直到手指完全无法弹琴为止。她很少外出，偶尔会在哥哥查尔斯的邀请下，和母亲前往国会剧院看场电影。她的哥哥总是想方设法地让她参加自己的活动，但她几乎不参加任何聚会或舞

《铁匠》
年份不详　板子　油彩　22.8cm×30.5cm　伍拉弗家族收藏

莫娣的父亲杰克既是一个铁匠，又是一个马具匠。莫娣笔下的牛或者马匹都被她装饰了一番，整齐地佩戴着挽具。

无题

约 1948 年　刨花板　油彩　23.2cm×30.5cm　约翰、简·怀特曼收藏

这幅雅茅斯码头的海景图是目前人们已知的莫梯最早的油画。

会。有一次，莫娣与哥嫂去格林岛野餐，同行的还有几对年轻夫妇。他们以每人五十美分的价格租了一条渔船。如果莫娣能顺利地在码头的梯子上爬上爬下，就证明了她并非"残疾"。虽然她的身体是畸形的，但是她能够依靠自己的力量爬上船舷并享受出游。码头的梯子由固定在木头上的铁条组成，潮水的落差约9米高，经常令攀爬者望而生畏。不管当天的海面是否平静，显然莫娣成功克服了"考验"。

在这张合影中，莫娣穿着深色长裙，她显然是大家的开心果。照片中的莫娣独自站在一侧，和其他人保持着距离，一只手藏在胳膊肘下面。很多喜欢莫娣的人都为她遭受戏弄和嘲笑感到难过。她的朋友梅·罗姿是一名美容师，经营着一家女士美容院，她经常把莫娣的卡片和装饰托盘放在店铺的橱窗里售卖，并将所得收益全部交给莫娣。莫娣十分珍视她们的友谊，她曾在梅的纪念册里写道："人的一生怎能没有爱与友情？"这句意味深长的话似乎暴露了莫娣不为人知的一面。许多害羞而富有创造力的人将自己深埋于心的情感以作品的形式表达出来。莫娣也是如此，她通过绘画表达着内心最深刻

莫娣·道利（最左）在前往雅茅斯县格林岛的短途旅行中。

的情感。

　　莫娣在霍桑街度过了美好的岁月，或许她本可以一直待在那里，陪伴着年迈的父母，成为他们的帮手。然而，在1935年，莫娣的生活发生了翻天覆地的变化，她的父亲杰克·道利去世了。两年后，她的母亲也去世了。莫娣和哥哥查尔斯、嫂子格特共同度过一段短暂的时间，但是，查尔斯后来有了新欢离开了格特，查尔斯将莫娣送去与姨妈艾达·格梅因同住。

　　莫娣失去了双亲的庇护，哥哥也离开了她。后来，

无题

约 1963 年　刨花板　油彩　22.5cm×29.1cm　卡罗尔·里根收藏

莫娣的家乡雅芧斯县和迪格比县以其捕鱼船队而闻名。

查尔斯参加了二战。归来后,他在哈利法克斯安了家,此后便再也没见过莫娣,也没有联系过她。

不知为什么,这对亲密的兄妹之间的感情出现了裂痕。或许,查尔斯也曾沉浸于失去双亲的悲伤与痛苦

无题

约 1963 年　刨花板　油彩　29cm×34.4cm　卡罗尔·里根收藏

退潮后，这艘渔船停在了芬迪湾的泥滩上。

中，没有心力像以前那样关心莫娣。渐渐地他离莫娣越来越远，甚至没有为她的人生考虑过。兄妹之间的疏离让莫娣痛苦不已，未婚生子的经历更是让她悲惨的处境雪上加霜。

1928年，莫娣生下一名女婴，名叫凯瑟琳。这名女婴被收养后在雅茅斯县长大，她并不知道自己的亲生母亲是谁。查尔斯和莫娣的疏远很可能与这件事有关，毕竟在当时，未婚生子是一种耻辱。"未婚妈妈"会受到来自家人和朋友的排斥，无形地被剥夺尊严和社会权利。她们生下的孩子会被立刻送去领养院，不会记录下亲生父母的信息。

《麦克斯》

年份不详　伊顿画板　油彩　27.9cm×35.5cm　伍拉弗家族收藏

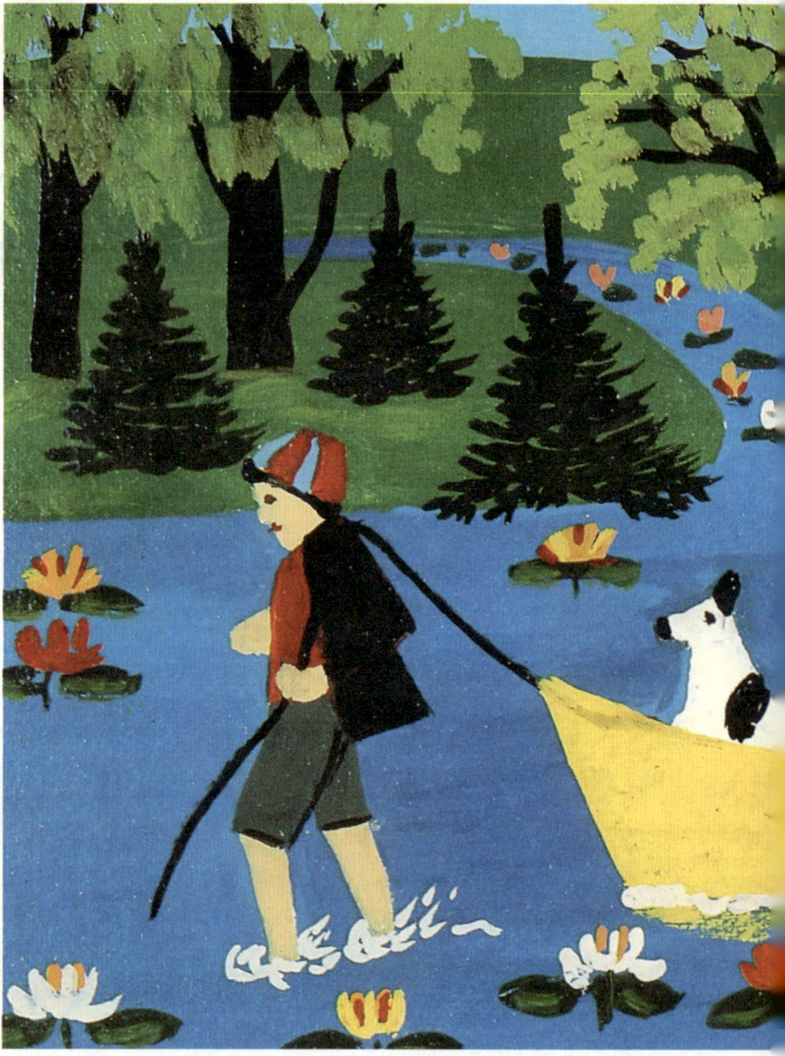

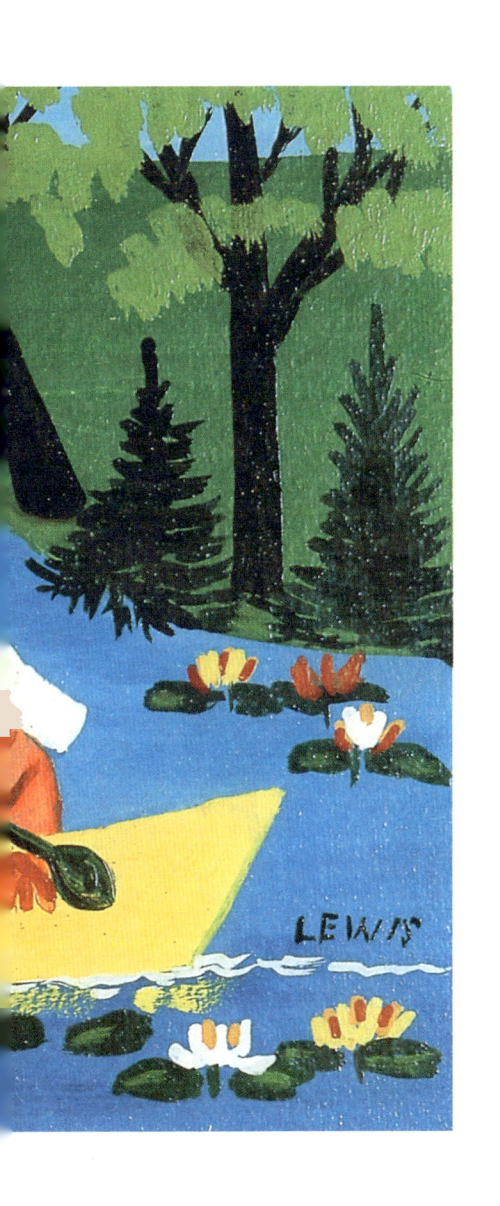

CHAPTER **3**

莫娣与她的
艺术

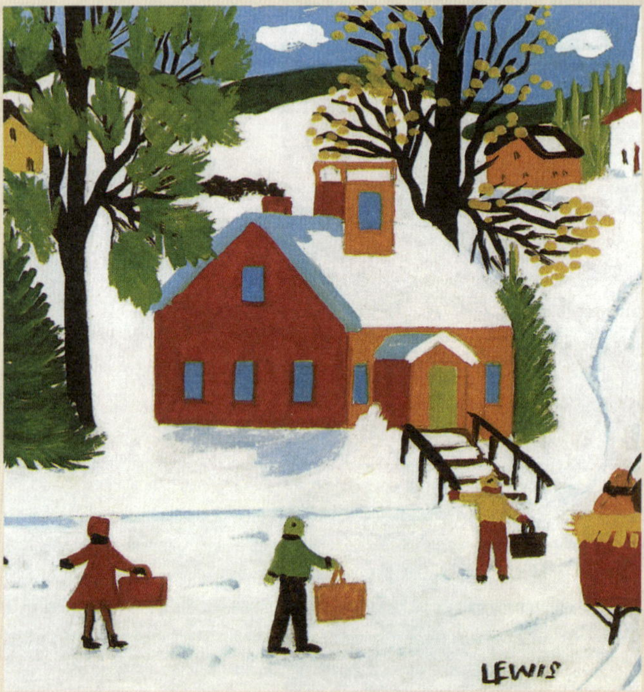
LEWIS

浮生万物都被框成一幅画

莫娣早年曾受到母亲的指导,并在雅茅斯的学校上过书法课。除此之外,她几乎没有学习过与艺术相关的知识,很大程度上是自学成才。她完全凭借记忆绘画,虽然她常常面临缺少颜料的情况,但是她的作品却不拘一格。她以画油画闻名,其中大部分作品是在刨花板、纤维板、硬纸板、壁纸和伊顿画板上完成的。她和埃弗里特将它们统称为"板子"。迄今为止,我们还没发现莫娣使用过画布。但是我们可以想象,假如她的画呈现在精心准备的画布上,必然充满了违和感。

除了油画外,莫娣还创作了许多其他类型的作品,包括家居装饰、圣诞卡片、彩绘贝壳和沙滩岩石。她的房子也是她的创作之一。她总是用相同的手法处理每一件作品：她会拿起所有够得着的刷子，把它们浸入油漆中，将色彩涂抹到离手边最近的材料上。整个过程非常流畅，仿佛她的灵感始终浮现在脑海中，随时可以通过她娴熟的绘画技巧表现出来，浮生万物，都已被框成一幅画。

在正式采用涂好石膏粉的纤维板和画家专用油彩之前，莫娣进行了大量的素描。她的素描本就是用来写信的记事本，很幸运被人们保存了下来。在使用高级卡纸之前，莫娣一直用一种粗糙、未经漂白的纸制作贺卡。令人高兴的是，她的很多圣诞卡片被人们精心收藏。这些早期作品大多用水彩绘制而成，色彩更加丰富，笔触更加细腻，在细节的处理上也好于她的油画作品。

莫娣装饰过的一些家居被人们保存了下来，有锅碗瓢盆、云杉木瓦、两扇前门和防风门、窗棂及通往阁楼的木质楼梯，还有墙纸。几乎每一件无法移动的家居都被莫娣画上了画。这些物品的价值早在莫娣生前就得到了认可，但那些收藏家却在她去世后，开始费尽心思地收集它们。有一次，一位收藏家带着两个漂亮的女孩前来讨好埃弗里特，想要买下一幅墙上的画。

不幸的是，那些曾装饰着莫娣家炉子的彩绘花朵曾被埃弗里特放在仓库里，目前炉子本身很难被修复。

在莫娣装饰过的家居中，有一个烤盘很特殊。它的里面画着一个风车，是莫娣极具代表性的作品。在迪格比县只有一座风车，是一个叫格里格斯的荷兰人修建的，就在贝尔河附近的一座小山上。这很可能是莫娣唯一见过的一座风车。我们可以想象，当风车的画面闪过莫娣的脑海时，这个托盘恰巧就在她的身边。

只有数量极少的彩绘岩石和贝壳被保存了下来，它们的历史可以追溯到20世纪50年代。这种又大又圆的沙滩石非常适合做门档，莫娣经常在上面画上一朵花或者一只蝴蝶。埃弗里特曾建议莫娣用它们替代圣诞卡片，因为这些石头像蒲公英一样随处可见，而且表面光滑。但是它们十分笨重，所以并没有受到莫娣的青睐，她也没有像对待其他作品一样精心装饰过它们。相反，莫娣经常在扇贝壳上作画，她画过黑色的猫咪还有黄色的蝴蝶，有时还会在上面签名。当时，贝壳也很容易找到，这引起了莫娣的注意，贝壳和圣诞卡片的大小差不多，它们光滑的内部非常适合作画。

无题

1965年　刨花板　油彩　29.2cm×34.3cm　鲍勃、玛丽安·布鲁克斯收藏

莫娣并没有使用大量的阴影来增加画作的清晰度。她最多用一条淡蓝色的线来代表树木的影子或者雪橇的轨迹。

CHAPTER 3 · 莫娣与她的艺术　079

无题

1967 年　金属簸箕　油彩　21.2cm×30cm　露丝·卢梭收藏

莫娣·刘易斯的家居用品一经装饰,其原本的用途便不重要了。

在 20 世纪 40 年代和 50 年代,莫娣曾跟着埃弗里特出去卖鱼,顺便卖她做的卡片和贝壳;后来,她会向家门口来往的游客出售画作。埃弗里特会在房子后的棚屋里用木工锯为她制作画板,原材料都是他四处搜罗的:废木头是在贫民农场的垃圾堆里找到的,纸箱是从肖特利夫杂货店捡来的。他从未测量过画板的尺寸,每次靠"目测"切割画板,这导致莫娣早期的画作很难进行装裱。

埃弗里特每天的早餐是一杯茶和一片面包,他吃完后会把脏盘子放进炉子上的盆里,然后把莫娣需要的颜料拿给她。莫娣则坐在窗边的椅子上,她的小桌子就是她的画架。她会在一个罐头瓶里倒上一些松节油(这是最便宜的稀释剂),让小桌子保持平衡。她的调色板是一个沙丁鱼罐头盒。一切准备就绪后,莫娣便会开始画画。如果这一天是工作日,埃弗里特就会去贫民农场上班,如果是休息日,他就会到棚屋里干活。

莫娣家的窗户正对着马路,上面被她画满了花朵。她经常把椅子放在窗边,独自待在这个舒适而安逸的角落里,望着窗外来来往往的人群和车辆。每逢夏日时节,莫娣家的大门就会为来往的路人敞开,同时也是因为莫娣家的窗户采光不太好;此外,还有一个原因,就是让莫娣周围的油漆味儿尽快散去。

由于频繁地头痛,莫娣每周至少有一天无法画画。莫娣的头痛很可能与长期接触绘画颜料有关。据我们所知,草原艺术家威廉·库雷莱克因为接触的颜料中含铅而早早过世。凡·高的精神问题,在很大程度上,可能

扇贝壳

年份不详 扇贝壳 油彩 10.2cm×12.7cm 伍拉弗家族收藏

莫娣在迪格比的扇贝壳上画的画。

与他吸入有毒气体和通过皮肤吸收铅有关。我们从莫娣作画时的照片中可以看到，她的手上总是沾满颜料。每当她结束一天的工作后，她的手上经常沾满了油漆和松节油，她习惯性地用身边的报纸擦手，然后从椅子上起身，将废纸扔到火炉盆中。

与其他艺术家相比，莫娣的头疼与油漆、铅以及通风条件有很大的关系，因为她的绘画材料大部分都是埃弗里特四处搜罗来的。如果有人在巴顿码头涨潮时把船拉到码头上，给船底刷漆，埃弗里特会在他们刷完时立刻把剩下的油漆捡回家。虽然只有罐子底部的一点，但只要加上一些松节油，里面的红色或者绿色油漆就足够莫娣用上一周。这些船用涂料，甚至当时的家用油漆，都含有较高比例的铅，而莫娣在艺术生涯早期大多都使用它们。

虽然莫娣在结婚时带上了自己原有的画笔，但埃弗里特后来从一个美国游客那里买了一套新的送给她。画家们经常到迪格比和安纳波利斯的码头写生，夏天结束后，他们就把画架留在杰克·罗森塔尔的古董店里。埃弗里特总是吹嘘自己不需要花费一分一毫就能得到一些

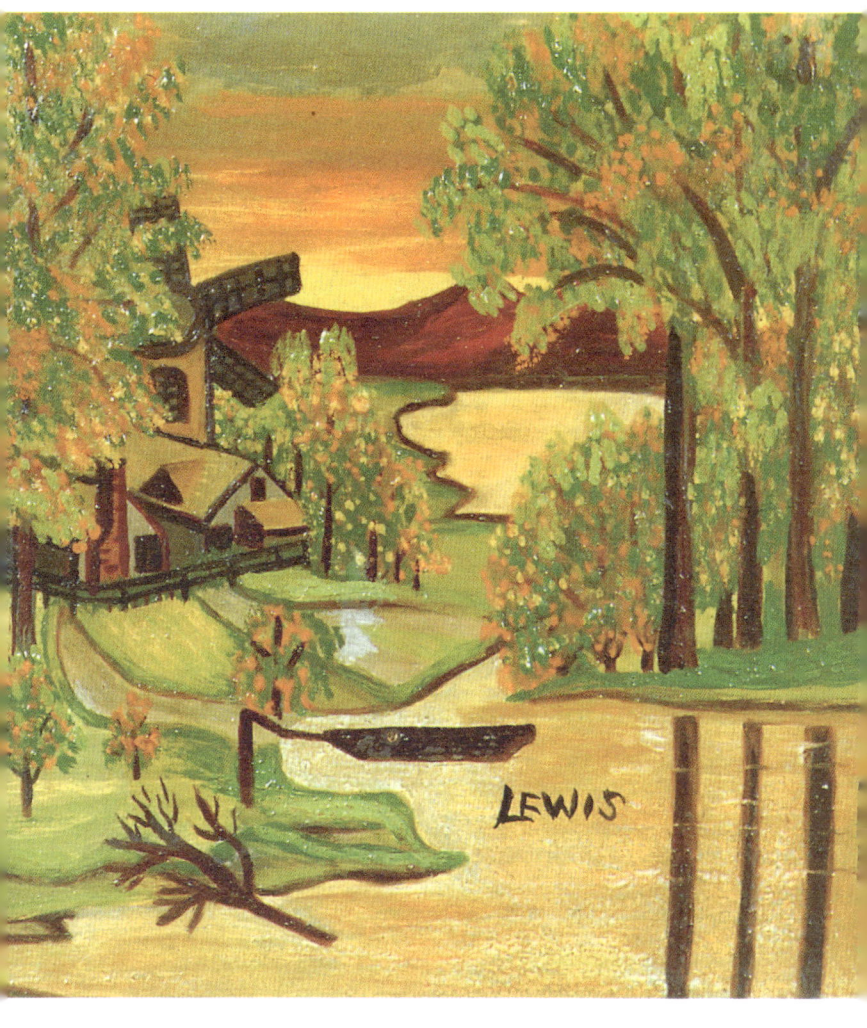

《风车》

年份不详　蛋糕烤盘　油彩　22.8cm×22.8cm　伍拉弗家族收藏

这个蛋糕烤盘上画着迪格比县唯一的一座风车——格里格斯风车，它如今仍然矗立在贝尔河附近。

莫娣的工作区域狭小,光线昏暗。角落的架子上放着一盏油灯,小桌子上放着她的绘画材料和蜡烛。

画笔和颜料。

当莫娣开始出售画作以后，她需要稳定的颜料供应，不能仅靠埃弗里特四处搜罗。幸运的是，他们很快找到了供应渠道。克拉拉·哈林顿原本经营着木料厂，刚收购了一些涂料业务，埃弗里特想要买下一些未售的家用油漆和船用涂料。莫娣时至今日仍能回忆起当时埃弗里特跟她讨价还价的情景。克拉拉·哈林顿是个善良的人，一次性给了埃弗里特一车或是两车的未售库存，还为莫娣提供了一些小管的着色剂，用松节油稀释后即可用作普通的颜料。

当莫娣的作品受到收藏家们的追捧后，她开始有了稳定的收入，她的画笔和颜料便由迪格比的梅文具店、伊顿商品录和安大略省的画家约翰·金尼尔提供。她用的颜料均为画家专用，包括英国进口的里夫斯油彩；她的画板是由盖·哈林顿和拉尔夫·麦金泰尔精心切割的，每一块都是完美的正方形。

莫娣最早使用的画笔非常廉价，质量也很差，从她的画作中就能看得出来。为了减少冲洗画笔的次数，她完成作品后会直接用手中的画笔（通常是一支大号画笔）给作品署名，这就导致她的签名中的很多细节是十分粗糙的，上面还经常有颜料的污渍。由于画笔的数量有限，莫娣经常把相同颜色的部分依次画完再进行下一个步骤，即使是这样，她的画笔还是很快就不够用了。当我们用放大镜观察她的作品，可以发现在颜料下有一些细小的笔刷毛，仅凭肉眼很难看到。这些小细毛容易被误认为是空气中的杂质，毕竟莫娣的家里并不整洁，其实它们是因为厚重的油漆和廉价的笔刷造成的。莫娣有一幅作品画的是一支马队，她用金色的油漆代表皮革上的黄铜，来点缀黑色的马具。一小根笔刷毛卡在其中一个小点上，两端翘起，就像猫咪的胡须一样。它深深地嵌在画面中，看起来好像画中的马儿长了胡子。

除了笔刷毛以外，莫娣的画上还经常有一些蜡油的斑点。这是因为埃弗里特始终不愿意给房子接上电线，如果莫娣想要晚上画画，她只能选择用蜡烛照明，她的小桌子总是来回摇晃，油灯放在上面太危险了，出于对安全的考虑，她选择使用蜡烛。

莫娣总是重复绘制同一个场景，采用同样的设计，甚至还会选用同样的色彩搭配。这些场景不断地在她的脑海中回放，就像人们循环播放一首喜欢的歌曲。

在绘画的过程中，莫娣先用铅笔在白色或乳白色的刨花板上打好草稿，她不会亲自给板面涂石膏粉或者上漆。只要我们仔细观察，就能看到画中主要形象的铅笔轮廓。打好草稿后，莫娣会处理一些大的色块，比如船帆、水面、马的皮毛还有雪橇上的原木，她一般会把相同的颜色一次性画完，而一些小的装饰细节，比如黑色马具上的黄铜装饰、常青树枝头上的皑皑白雪都是留在最后完成。她通常会等到画面晾干后直接在主色上进行绘制。有时，这种画法会产生一些有趣的效果，尤其当金色或银色的金属漆与船用涂料和家用油漆相遇时，金属漆会扩散开来形成一些亮片。这无意间产生的效果让莫娣十分困扰，但是从欣赏者的角度来看却十分有趣。

莫娣经常为牛和马匹画上装饰性的挽具，即使它们显然是在工作。她就像一个马夫或者牛倌一样，按照顺序用画笔为它们"套"上挽具。当她画好牛后，她会在牛的身上画上几条黑色的线充当皮带，然后再加上一个红色的轭，在绘制过程中，年少的记忆给了她很大帮助，毕竟她是马具匠的女儿。每当她画到这些细节时，

无题

年份不详　刨花板　油彩　28cm×35cm　私人收藏

这是莫娣冬景图中非常典型的一幕：画面的前景被白雪覆盖，而后面的山丘却是一片苍翠。

或许她都会回忆起童年时期那段幸福、快乐的时光。这种充满喜悦的怀旧感是莫娣作品最突出的一个特点。

当创作风景画时，莫娣会从画板的顶部开始，比如，她先绘制天空和山丘，然后她再开始添加树木。如果画面还没有完全干透，树木的轮廓会略微与天空和山丘融合在一起。接下来，她会在画面的底部画上一些动物或儿童的形象。最后她将所有空白处涂上颜色，她用白色来表现雪地，用绿色代表夏季的草地。

在最后的润色阶段，莫娣会找出画面中比较醒目的色块，加重它们的色彩和阴影。她通常用天蓝色绘制树木或灌木丛的影子，这在她呈现冬日场景的画作中尤为常见；她还会在深绿色的云杉树或冷杉树枝丫上增加一层浅绿色，或者一层淡淡的白雪；她也会给深棕色的树干涂上一层浅棕。莫娣没有将这些颜色混合在一起，而且她对补充颜色的要求不是很严格。

每当莫娣完成一幅作品后，埃弗里特会把它放在炉子上的保温箱上烘干，这在冬季尤为必要。夏天的时候，刚完成的画作有时会被放在窗前，呼应门口"出售画作"的牌子。但埃弗里特从未将它们放到室外晾晒，因为马路上总是充满灰尘。由于需求量很大,她的画常常还没干透就被买走了。

莫娣画画时下笔动作快、幅度小,仿佛一只麻雀在啄食面包。她经常绘制相同的场景,所以她不需要很多思考时间。莫娣画画时总是一气呵成,从不停下来喝口茶。她右手拿画笔的姿势很像普通人使用钢笔时的姿势,她还将左手腕放在右臂下提供支撑。驼背的她总是弯着腰,眯起眼睛,聚精会神地画着。她个子矮小,手里的大号画笔甚至会高于她的耳朵。画画时,她的身体轻轻地摇晃,直到画完她才会露出心满意足的微笑。莫娣画画的速度令人们大吃一惊,效率堪比制作饼皮的农妇。

莫娣未经雕琢的绘画技巧是她获得成功的原因之一。在一生中和艺术家的交往也微乎其微,只有弗雷德·特拉斯克曾在莫娣的晚年时期拜访过她,她和安大略省的画家约翰·金尼尔也有过书信往来,她的绘画风格没有受到过其他艺术家的影响。她使用的绘画材料都是非常简单的,随着莫娣越来越有名,她便再也不必为了颜料发愁。但是现在看来,这或许是一桩憾事。莫娣后来的作品远没有她之前的作品那样，充满让人无法自拔的魅力，尤其是那些用里夫斯颜料和伊顿画板的作品。

莫娣最朴素、多样的作品大多诞生于她的艺术生涯早期，比如用水彩绘制的圣诞卡片，画在刨花板上的画作，她后来的作品变得非常标准化。有些顾客在朋友的厨房里看到莫娣画的牛和猫咪，便会要求莫娣画一幅相同的，这种做法不能给莫娣的艺术工作带来积极的影响，她总觉得自己有义务满足顾客的需求，导致她每天的工作像流水线。1968年，莫娣的健康状况急转直下，她开始借助剪好的纸板描画作品中的主要形象，埃弗里特也尽可能地帮助她填充颜色。这也能够解释为什么在莫娣后期创作的作品中，画上的农民、牛几乎都是统一大小，而且都是由石墨铅笔勾勒的。她不再绘制充满自己灵感的想象，终日埋头于源源不断的绘画订单。

莫娣画画时会将握着画笔的那只手放在另一只手上。到了20世纪60年代末期,她的笔触不再那么干脆利落,我们可以从她当时的作品中观察到这一点。

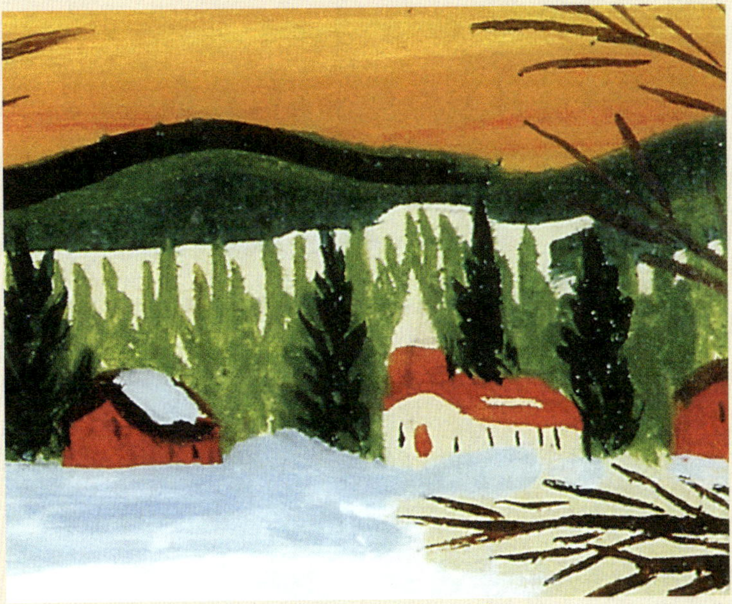

莫娣眼中这个色彩斑斓的世界

1938年，莫娣结婚后不久，她开始用油彩画画，这是因为在那个战争年代，很难买到油漆。在1940年到1945年间，无论是家用油漆还是绘画油彩都成了"奢侈品"。但是，"万能"的埃弗里特有时会在巴尔顿的海滩，为她打捞到一些船用涂料。莫娣很珍惜使用这些涂料，我们可以在她二战时期的作品中找到它们的痕迹。人们发现的莫娣最早的作品是一幅关于雅茅斯码头的画作。这幅画以黄色和棕色为主色调，在海洋画中十分罕见，但是它的色彩十分强烈，令人陶醉。

在身体状况尚佳且材料齐全的日子里，莫娣一天能作两幅画。在20世纪40年代，莫娣主要创作圣诞卡片，之后才开始以创作木版画为主，或许是因为卡片创

无题

约 1963 年　刨花板　油彩　28.5cm×33.2cm　卡罗尔·里根收藏

开普岛的渔船总是被人们漆上明亮的色彩,他们剩下的油漆被埃弗里特捡回家,成了莫娣绘制海景图的颜料。

圣诞卡片

年份不详　纸　水彩　8.9cm×10.2cm　伍拉弗家族收藏

在这张圣诞卡片中,蓝鸟反常地出现在冬季。

无题

约 1960 年　板子　油彩　30.5cm×35.6cm　布鲁斯·S.C. 奥兰德先生收藏

莫娣总是在冬天的场景中画上秋天的枫树和橡树。

造的收入远不如木版画。和大多数艺术家一样，莫娣画画并不是单纯为了赚钱。她在绘画的过程中收获了快乐和喜悦，这些画是她童年的美好回忆，也是简朴的乡村生活的写照。

当莫娣逐渐形成了自己的艺术风格，她不再用钢笔和墨水简单地临摹明信片，转而创作油画。她清晰而直接的笔触和摩西奶奶十分相似。莫娣对色彩和光线的运用是她的独创技艺，并没有受到某种风格的影响。大自然是她重要的主题之一，她尤其喜欢日落，曾以冬日的夕阳为场景创作过一幅作品，夕阳倒映在结冰的湖面上，一实一虚，共同点亮了整个画面，可谓是一次大胆的尝试。画面的中央是两头小鹿，它们正眺望着远处宁静的村庄。整幅作品引人入胜，它最大的特点在于莫娣对色调和明暗对比的巧妙处理。在湖面积雪的映照下，倒映在冰面上的夕阳显得格外亮眼。莫娣的巧思远不止于此，她在画面的远处绘制了两座高低不同的山脉，较低的一座白雪皑皑，而较高的一座却一片苍翠。显然这不符合常理，但是它呈现出极佳的视觉效果。

20世纪40年代，莫娣渐渐形成了独有的艺术风格，她的画作中时常出现一些违反自然规律的场景，但几乎每次都达到了出乎意料的视觉效果。她有一幅关于雪景的画，画中鲜红的枫树屹立在大堆的白雪之上，这显然不符合常理，她解释说这是初雪的情景。很有可能这是莫娣出于自己的喜好，让白雪与鲜艳的树叶间相映成趣，让画面呈现出一幅赏心悦目的景象。她喜欢色彩斑斓的密林，在她的作品中，树叶和鸟儿的出现并不会受到季节的限制。这种天马行空的风格在莫娣的艺术生涯中始终如一，甚至她还曾经在云杉树上画满了花朵。

毫无疑问，莫娣作品中的一些特殊细节是她故意设计的，并非一时疏忽，比如牛的睫毛、三条腿的奶牛等等。在研究了莫娣大量的作品后，人们发现这些小细节是莫娣为画作制造趣味性和幽默的一贯方式。通过牛的睫毛、雪堆上的秋叶还有拦在道路上的奶牛，我们能够体会到莫娣轻松欢快的态度，这一切都是精心设计的创作，而非无心之失。正如迪格比的民间雕刻家斯蒂芬·奥特豪斯所说："这样的小细节你若是见得多了，就能深切地体会到它的美妙。"

在创作的过程中，莫娣希望能够借助温暖的色彩和

无题

约 1965 年　纤维板　油彩　30.1cm×40.6cm　特雷弗·豪瑟夫妇收藏

这些云杉树上的花朵是莫娣对大自然的另一种多彩的点缀。

微妙的明暗对比，为大家带来快乐的画面，照亮人们的生活。比如，在一幅雪地小屋的画中，她给同一个房间的两扇窗户涂上了不同的颜色：一扇是黄色的，仿佛被灯光照亮了一般；另一扇是深蓝色的，似乎没有任何光线。这种独特的矛盾感贯穿了她整个艺术生涯，是她个人风格的一个重要标志。

细节上的不一致往往会产生奇妙的乐趣。比如，她画了三架上山的雪橇，只有前两架有司机，最后一架是空的。这些小细节频繁地出现，几乎可以代替签名成为她个人的标志。我们甚至能够想象到她在作画时的神情，她一定会大笑着说："等人们看到这幅画时不笑才怪呢！"

莫娣对阴影的运用经常是不符合常规的，甚至是不合逻辑的。她偶尔会用淡蓝色来代表阴影和雪橇经过的痕迹。但是在她的笔下，你会看到晴空万里之下没有一丝阴影，你会发现不是所有的物体都有影子。因此，电影局为莫娣的纪念电影取名为《没有阴影的世界》(*World Without Shadows*)。

对光影的运用是莫娣作品中十分重要的一部分，因此她很少画夜景。她喜欢快乐而明亮的场景，唯一的例外是一幅名为《午夜月光》的作品。这幅画刊登在1975年的《女主人》圣诞特辑上。画中在湖边有一栋房子，出水口横跨着一座石桥，月光照耀在被雪覆盖的云杉上，令人心驰神往。

莫娣经常忘记给作品署名，但她独特的风格就是其显著标志。她曾经画过两幅几乎一模一样的浆果丛雪鸟图，只有一幅有签名。目前人们找到了很多没有莫娣署名的作品，有用蛋糕模具或沙滩岩石做的艺术品，还有圣诞卡片。除非有人提醒，莫娣常常忘记为艺术品署名。她的乐趣在于创作的过程，而非创作的成果。

在《女主人》和CBC广播相继报道了莫娣的故事后，她的房子广为人知。此前，她的路边生意完全靠家门口那块"出售画作"的招牌吸引顾客。这块牌子被莫娣精心装饰过，是她的杰作之一，上面画着的蓝色的鸟儿、苹果花和蝴蝶，这些都是她的最爱。因为手指扭曲，她费了好大力气才把"出售画作"几个字写在木板

MAUD.LEWIS

M.LEWIS

M.LEWIS

LEWIS

莫娣使用过的几种签名。

埃弗里特正在检查莫娣的画板。

上，她还在"I"字上面多画了一个点，在"O"字中间多画了一个"O"。

这块牌子是莫娣在我父亲的建议下制作的，后来我父亲将它买下来，回到家在母亲的提醒下，我父亲才意识到莫娣没有署名。那一次，他带着牌子又回到了莫娣家，为了让莫娣给牌子签名，我父亲劝说了好一会儿。当时，莫娣忍不住大笑起来，一不小心蘸了太多白色的油漆，加上画笔中有大量的松节油，导致稀释后的油漆滴在了牌子上。莫娣有点儿恼火，嗔怪道："看看你做的好事！"那滴颜料至今还保留在画面上，是莫娣一个可爱的"失误"。

莫娣通常会选择用黑色、棕色或者绿色来签名，无论背景是什么颜色。她名字末尾的"S"通常比其他字母大一些，她并没有按照书写规范来决定字母的大小写。在大多数情况下，"莫娣"中的"M"和"A"是大写的，而"U"和"D"是小写的。她偶尔也会给"刘易斯"中的"I"加上一个圆点。为了让"L"的底部看起来比较平整，她通常会多画几笔。她的签名从左至右逐渐向上倾斜，我们经常会看到字母"E""坐"在字母"L"上，就好像她的右手搭在左手上休息一样。"E"和"W"中间则有一个空隙。莫娣至少需要画上三笔才能完成一个"S"，这个"S"总是向右倾斜着，仿佛随时都会倒下。显然，对于莫娣的手来说，画"S"是个大难题。

1940年左右，莫娣开始用"刘易斯"这个姓氏为作品署名，有时她会给里面的"I"加上一个点，有时不加。莫娣在这一时期的签名还有一个特点——它们通常是弧形的。除了早期的一些圣诞卡片外，她很少为作品署名"莫娣（MAUDE）"，她和朋友往来的书信中也没有使用过"莫娣"这个名字。在以"莫娣"签名的作品中，"E"是用一种华丽的字体书写的。

20世纪50年代，随着莫娣的声名远扬，她开始为自己的作品署名"莫娣·刘易斯"。同时，她不再绘制圣诞卡片。一方面是因为卡片的画面较小，细节处理十分困难。另一方面，它的经济收益也不如画作。一张卡片只能卖到五美分，而一幅画可以卖到二至五美元。到了20世纪60年代末期，不知出于何种原因，莫娣开始在自己的签名中加上一个点号，将名字和姓氏隔开，或许它代表的是她的中间名凯瑟琳。

莫娣是一个聪慧的人，她早年曾上过学，还弹过钢琴，并不是像她丈夫一样的文盲。即使到了晚年，在手指残疾的情况下，她依然能够写出清晰的字迹。虽然她常常忘记给作品署名，但这并不是因为她没办法写字，而是单纯地认为自己的名字不是那么重要。

在20世纪80年代，一些无良之人认为莫娣的画很容易伪造，制作了许多赝品。他们找来一些背面是绿色的刨花板，照着《乡村邮递员的圣诞节之旅》中的作品画上两头牛，最后以二百多美元的价格进行拍卖。大部分赝品的水准都非常糟糕，完全没有莫娣作品中的神韵。甚至有些有着极为复杂的细节，远远超过了莫娣弯曲的手所能达到的程度，仅凭这一点就能看出它们是赝品。莫娣的作品中还有一个细节是伪造者无法复制的，这是莫娣和埃弗里特无意间做的隐藏标记，每天的晚餐时分，为了把小桌子腾出来吃饭，莫娣会将尚未干透的画交给埃弗里特，让他找地方晾干，所以他们的指纹经常会印在画作上半部分的边缘上，这点为莫娣的真迹提供了无可争辩的证据。莫娣的房子空间非常狭小，她作画的环境总是一片混乱，特别是在她早期的作品中，你不仅能看到指纹，还能看到笔刷毛和蜡烛的痕迹。

新斯科舍档案馆中有一部关于莫娣的电影，几乎每个前来观看的人都会注意到一个细节：贫民农场的牌子被莫娣精心装饰一番。这块牌子上写着农场的参观时间，大写字母散落在整个画面，和她的签名一样没有按照严格的书写规范：一个句子的中间被句号隔开；有一个"S"倾斜着，仿佛随时要倒下。

遗憾的是，到了20世纪60年代，这块牌子被人们丢弃了。在创作本书的过程中，我在马歇尔敦找到了这块木牌，但它已经严重腐烂。然而我依稀能够在它的碎片上看到一些黑色的油漆斑点，那是莫娣曾经付出的心血。

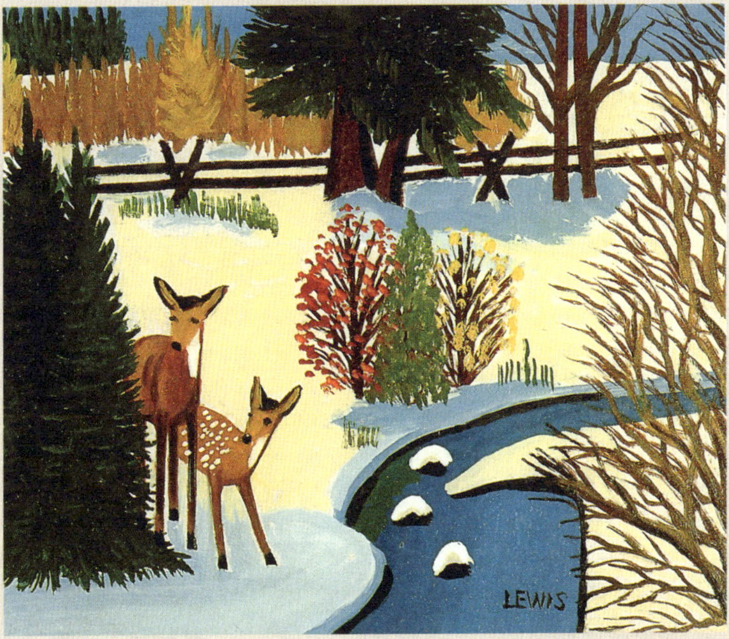
LEWIS

两位艺术家眼中的美好世界

1967年，莫娣收获了前所未有的名望。在埃弗里特近乎严苛的节俭习惯下，夫妻二人几乎不怎么花钱，他们也没有债务，经济状况良好。关于莫娣艺术作品的文章一篇接一篇地发表，大量订单涌来，她的仰慕者还会为她带来颜料和画板。但是，她无法满足如此多的需求。

在这一时期，人们将莫娣的作品与美国著名民间艺术家摩西奶奶的作品进行比较。1967年，莫娣登上一本杂志的封面，她被称为"海滨地区的摩西奶奶"，标题为《柔弱的女子，大胆的笔触》。人们经常把莫娣和摩西奶奶进行比较，从一个角度来说，这足以证明莫娣在人们心中已经有了很高的地位。

《迪格比港口》

年份不详　板子　油彩　22.8cm×30.5cm　伍拉弗家族收藏

为了满足顾客们的要求，莫娣会多次绘制同一个场景。这幅作品画的是迪格比海峡，非常受人们欢迎。

《运木头的牛车》

年份不详　刨花板　油彩　26cm×35.8cm　新斯科舍艺术馆藏、M. 刘易斯·多纳霍赠

莫娣会重复绘制同一个场景，仅改动其中的季节设定。

无题

1969 年　纤维板　油彩　30cm×30.5cm　艾伦、简·帕克收藏

虽然莫娣更喜欢绘制自己记忆中的场景,但她也会按照顾客的要求作画。

莫娣和摩西奶奶虽然都是民间艺术家,她们自学成才,朴实无华,但是两者在生活和艺术作品上的不同要远多于她们的相似之处。首先,摩西奶奶在乡间过着舒适的生活,先是在美国的南部,后来搬去了新英格兰。她一生勤勉,子孙满堂,掌管着家中大事,她的身体一向很好,她画中呈现的生活场景都是她亲身参与过的。摩西奶奶在六十七岁时发现绘画能够给她带来内心的平静,此前她一直在勇敢地创业。她活了一个多世纪,直到生命的最后时刻,她仍然十分高产。目前,摩西奶奶记录在册的作品已超过一千五百幅。

与摩西奶奶相比,莫娣的生活几乎并不吸引人。她活了六十九岁,比摩西奶奶开始绘画生涯的年龄大了两岁。莫娣的生活并不宽裕,她一生中大部分时间都需要他人的照料。父母去世后,她先依靠善良的姨妈,后来依靠丈夫。当她嫁给埃弗里特时,她急需一个永久的家和持续的安全感。

据我们所知,莫娣从小开始画画,作为一种补充家庭收入的方式。虽然埃弗里特有很多私房钱,但他的妻子却过着贫苦的生活。有时,莫娣会画上一幅赏心悦目

《三只黑猫》

约 1966 年　刨花板　油彩　30cm×35.4cm　罗伯特、贝蒂·弗林收藏

莫娣喜欢画猫,不论是黑猫还是白猫。她更喜欢画的是一组快乐的小猫,然后在四周点缀上花朵。

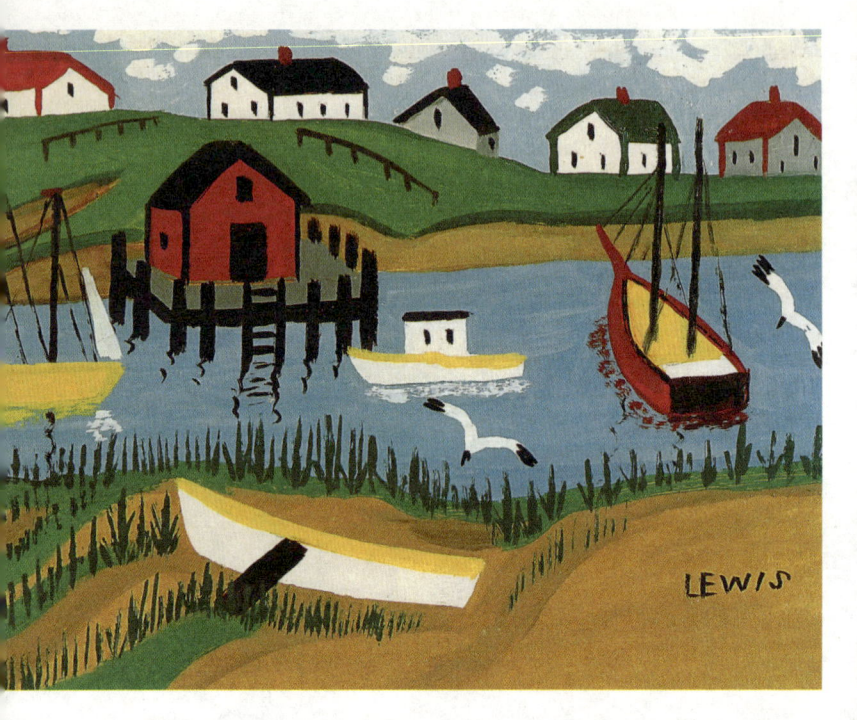

无题

约 1942 年　刨花板　油彩　21.8cm×29.5cm　玛丽·萨德利尔收藏

这幅海景图是莫娣的代表作。画面中退潮后的泥滩和渔船在雅茅斯县和迪格比县十分常见。

的乡村风景，但并不是因为她完全沉浸在这种简单的快乐中，而是因为她的疾病和身体的畸形将这种快乐拒之门外。莫娣的创作灵感来源于她内心对快乐的渴望，以及对童年时期短暂经历的美好生活。

莫娣和摩西奶奶都曾为了赚钱而画画。当摩西奶奶还住在新英格兰的鹰桥时,她曾将第一幅作品放在胡西克瀑布附近的老托马斯药店里出售。莫娣成年后也面向游客做起了路边生意。对生活宽裕的摩西奶奶来说,卖画带来的收入是惊喜。而对莫娣来说,卖画是家庭收入的主要来源,是不可或缺的。

从作品的主题上来看,她们有很多共同之处,都喜欢从熟悉的乡村生活中取材,20世纪上半叶的新英格兰和新斯科舍几乎没什么差别。从绘画风格上来看,摩西奶奶和莫娣有着天壤之别。摩西奶奶绘制的场景中总是充满了人物,她的画中会有两三道山谷,上面是从事不同工作的人们,从商的经历让她对乡间生活的各行各业十分了解,这些都体现在画作的细节中。而莫娣的作品是无法达到这种广度的。

两位画家的作品都曾收到来自白宫的订单。摩西奶奶在杜鲁门总统执政时期受到白宫的关注,她曾经拜访过总统,总统还在她的邀请下弹了钢琴,总统夫人贝丝·杜鲁门则在一旁为他们倒茶,她和总统的谈话内容

无题

年份不详　板子　油彩　29cm×42.6cm　道格拉斯·E.刘易斯医生收藏

这幅画是按照客人的特殊要求创作的，在莫娣的作品中并不具有代表性。这幅画是新斯科舍帆船的代表——蓝鼻子号帆船。一般来说，莫娣不会画出船的具体型号。

《莫娣和埃弗里特》

年份不详　板子　油彩　22.8cm×30.5cm　伍拉弗家族收藏

莫娣画作中的亲密感让它们有别于摩西奶奶（莫娣同时代的美国画家）的作品。

被录制下来在广播中播出。

尼克松总统注意到莫娣是因为他的助手约翰·惠特克,惠特克收藏了很多莫娣的作品。他曾写信询问莫娣是否可以为他提供两幅画作,莫娣的回信堪称白宫有史以来收到过的最言简意赅的信件之一。她说,如果白宫愿意付钱,她非常乐意将自己的作品寄过去。1970年,莫娣离世后,尼克松总统在送给埃弗里特的慰问卡上亲手签名。

面对来自白宫的"粉丝",莫娣的态度表明:她并不在意名气对于一个艺术家职业生涯的影响。莫娣并不是一个"事业狂",相比于来自总统的订单,她更加珍视朋友,比如定期与她通信的安大略省画家约翰·金尼尔。

摩西奶奶是个非常成功的农民,曾经营着一家占地面积两百四十公顷的奶牛场,从只有一个黄油搅拌机开始,一点点将生意做大。她婚姻美满,保持着独立自主的个性。摩西奶奶曾为她的女儿们亲手缝制了婚纱,这被她视为人生中最大的成就之一,比她出售的画作重要得多。

摩西奶奶一开始只是用简单的材料画画,但是后来

无题

约 1959 年　刨花板　油彩　29cm×34cm　玛丽·J. 多兰收藏

这幅画曾出现在儿童读物《乡村邮递员的圣诞节之旅》中。这本书是加拿大历史上第一本采用民间艺术作为插画的书籍。

她避免使用那些廉价的材料，给自己买了非常优质的画笔。值得注意的是，摩西奶奶总是会在作画之前先买好画框。相比之下，莫娣的生活相当简朴，获取绘画材料的渠道非常有限，她基本上是有什么就用什么。从她嫁给埃弗里特的那一天开始，除了别人的捐赠外，她生活中的一切都是普通且平凡的。

摩西奶奶的一生不断开拓进取，她的画作展现了她卓越的个人能力。她是一个成功、目标明确的创业者。当她发现自己的作品可以出售时，她立刻开始了卖画生意。这份事业不仅为她带来了收入，还让她更有活力。她说，如果当时她没有开始画画，她就会去养鸡。

相反，莫娣的生活是局限的、匮乏的。她十分害羞，几乎与世隔绝。她的画散发出她在克服困难时感受到的喜悦。有时，这种情绪仅仅是为了让自己撑下去。莫娣十分乐观，她能够坦然接受任何发生在她身上的变故：从身体的痛苦与残疾到父母的离世，从离开老家到与骨肉分离，以及后来埃弗里特强加给他们的贫困生活。与摩西奶奶不同，莫娣的画中很少出现人群，她从未将自己画在人群中央。比起人物，她更喜欢画温顺的牛和忠

无题

年份不详　刨花板　油彩　28.5cm×31.2cm　私人收藏

这幅冬日海景图与莫娣的其他作品不同。画面中没有任何人物或动物的形象,也没有花朵和小鸟。

无题

年份不详　刨花板　油彩　29.8cm×30.5cm　私人收藏

莫娣的作品总是离不开花的元素，在这幅画中，她画的是翻涌的浪"花"。和她的许多作品一样，这个场景也是基于实际地点（迪格比县的普里姆角）创作的。

无题

年份不详　板子　油彩　29.2cm×34.4cm　道格拉斯·E. 刘易斯医生收藏

在画这匹母马和小马驹时，莫娣非常注重对细节的处理。但是她笔下的人物却没有这种"待遇"。

诚的猫咪,因为这些动物的美好品质是永恒的。每个见过莫娣的人都会被她的微笑、纯真以及坚强所感动。通过绘画,她交到了一些非常好的朋友——伍拉弗法官、麦克尼尔一家、麦克唐纳医生,等等。最重要的是,她始终以一种安静的魅力吸引着每一个驻足的人:在她的世界里,一切都很祥和。

摩西奶奶的画面十分开阔,而莫娣的画作则带给人们一种亲切感。在摩西奶奶的《羊羔图》中,我们能感受到羊群是丰收季节的一部分。而莫娣笔下的猫咪让人们很想为它取个名字。

莫娣被称为"加拿大的摩西奶奶",然而莫娣并不在意名气。安大略省的画家约翰·金尼尔曾建议她参加加拿大建国百年的庆典,被她婉拒了。她说:"不,我不会在1967年的世博会上展出任何作品,我没有足够的时间。"

1967年,莫娣已经不仅仅是迪格比县的名人了,《星光周刊》和加拿大广播公司出品的《遥望群星》系列纪录片在1965年时对她的报道,让她家喻户晓。源源不断的订单让她应接不暇,莫娣担心自己无法完成这些订单,便在画作完成前先把钱退回去。对她来说,让

无题

约 1960 年　板子　油彩　30.5cm×35.6cm　布鲁斯·S.C.奥兰德先生收藏

论起精细程度，莫娣笔下的人物没有一个可与画中的母鹿和小鹿相比。

顾客满意比 1967 年的世博会重要多了,她从未考虑过参加展览。

尽管莫娣的名气与日俱增,但她从未将自己的作品视为艺术,更没有以艺术家自居。多丽丝·麦考伊在 1967 年的《大西洋倡导者》上这样写道:"就像普通的家庭主妇看到自己为秋季集市完成的漂亮围裙一样,莫娣也是以同一种目光看待她的作品。"

虽然邮箱上写的收件人是埃弗里特·刘易斯,但大部分邮件是寄给莫娣的。

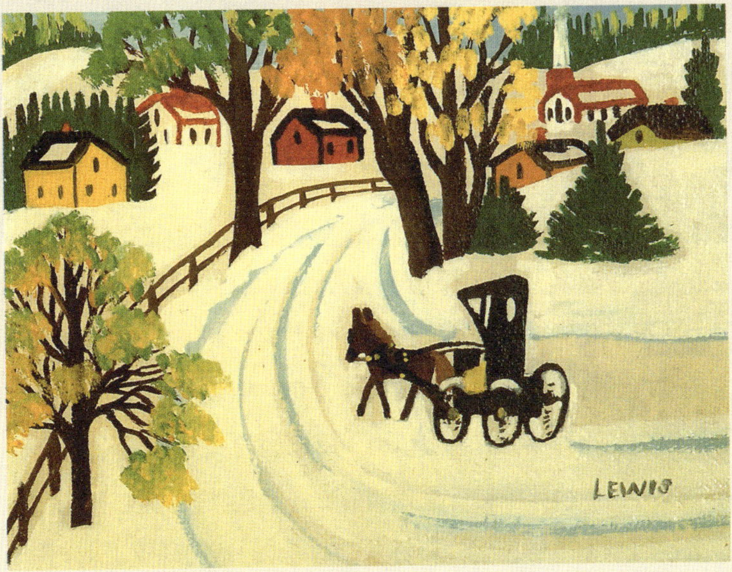
LEWIS

在人生最后一刻，
还在忧心未竟之作

1968年，莫娣摔伤了髋骨，这令她本堪忧的健康状况恶化。由于她从来没干过体力活，身体完全康复的概率非常小。除了体弱多病外，几十年来她长期处于油漆和柴火释放的有害气体中，所以她的肺部健康不容乐观。正如埃弗里特后来猜测的那样，她喜欢抽烟，但是她的身体不够强健，没办法"排毒"。哈利法克斯的麦克唐纳医生还记得莫娣经常和他的妻子一边抽烟一边闲聊。他说："只要这两位女士点上烟，我就会立刻出门。"

莫娣从迪格比总医院回到家后，维多利亚护士会的温迪·富兰克林便会到莫娣的家中照顾她。埃弗里特尽其所能地让她过得舒服一些，但是在那栋简陋的小房子里，他几乎无能为力。有一天，莫娣想去拖车里画画，埃弗里特用手推车把她送了过去。没过多久，她就因多种并发症再次住进医院，即便如此，她还在忧心自己没有完成的画作。她的好朋友凯伊·麦克尼尔为她带来一套毡头笔，让她得以创作人生中最后的作品——为护士们画圣诞卡片。她在住院时感染了肺炎，于1970年7月30日星期四逝世。

莫娣过世后的第一个周一，人们在北岭公墓为她举行了安葬仪式，由巴尔顿浸信会教堂牧师默特尔·英格索尔主持，时间是下午三点半。因为埃弗里特不愿去教堂，所以这次仪式在墓园举行。到场的人有莫娣的朋友凯伊·麦克尼尔和劳埃德·麦克尼尔，以及迪格比县所有重要的人物，包括法律机构和议会的成员。莫娣不仅远近闻名，还深受人们的爱戴：她的葬礼是当地几十年来参加人数最多的一次。

牧师英格索尔从《圣经·旧约》的诗篇中选取了第二十三篇和第九篇的两个片段，"耶和华是我的牧者""在你看来，千年如已过的昨日，又如夜间的一更"。在莫娣的悼文中，他引用了第五十一篇的内

无题

年份不详　刨花板　油彩　21.5cm×29.5cm　凯瑟琳·J.威尔金斯收藏

在莫娣的作品中，这只白色的斑点狗经常出现，而兄妹的元素则是一种象征，象征着她对快乐童年的回忆。

《雪橇与乡村风光》
年份不详 刨花板 油彩 26.3cm×30.1cm 新斯科舍教育与文化部收藏

在莫娣的画作中，教堂的窗户总是被灯火照亮，意味着有仪式正在进行。她和埃弗里特不是在教堂结的婚，但是画中的教堂在她的作品中出现了很多次。

容,"让我重新体会你救恩的喜乐;求你自由的灵魂支持我"。

这些话语久久地回响在莫娣的墓前,恰如其分地赞美了她一生的成就——为人们奉献了诸多优秀、灵动的作品。其间,埃弗里特一直在喝酒,扰乱了仪式。英格索尔牧师告诫"这位丈夫",要听从"永恒之声"。

在莫娣去世的前一年里,她已经无法一天画一幅画,甚至一周完成两三幅作品都很难。除了埃弗里特每月八十一美元的养老金,莫娣的画是他们唯一的收入来源。埃弗里特并不想看到潜在的买主空手而归,于是开始自己作画向过路人推销。

后来,迪格比的大部分户主都将户外的卫生间改为室内管道,并且为房子接上电路。但是莫娣和埃弗里特的小房子几十年来却毫无改善。当邻居们纷纷扔掉冰箱的时候,莫娣让埃弗里特去买一个,但他拒绝了,因为冰块是要花钱买的。

收藏家比尔·弗格森和克莱尔·斯坦宁曾尝试印刷莫娣的作品出售,很显然他们失败了。这项业务没有给莫娣带来任何收入,她曾在一封写给约翰·金尼尔的信中抱怨过此事。

莫娣在雅茅斯度过了舒适的早年生活，其中音乐是她最怀念的。埃弗里特从不让她去教堂，尽管乔丹敦、阿卡西亚维尔和迪格比有很棒的唱诗班。莫娣一直保留着从老家带来的留声机，但它的弹簧坏了，埃弗里特也没有修理它。收音机、电视机这种当时普遍的娱乐设备，在莫娣家是不可能出现的。我的父亲和莫娣的医生道格·刘易斯十分欣赏她的才华。在莫娣去世之前，他们就已经收藏了她非常多的作品。我的父亲知道很多古老的乡村小调和赞美诗，他有时会唱上一首考考莫娣，这总是会把她逗得哈哈大笑，但是她不会跟着一起唱。她戴着假牙，但是她的那一副已经变色了，并且不是很适合，当她被逗笑时，她会掩着嘴转过身去。我的父亲给莫娣带去一台电池供电的加拿大轮胎收音机。埃弗里特为了节省电量，经常会把里面的电池拿出来，用蜡纸包住。在音乐方面，莫娣和埃弗里特对音乐持不同的态度。

1996年，当新斯科舍艺术馆清点莫娣的个人物品时，人们发现很多她珍视的物品都不见了，包括她的留声机，但留声机外面的皮质盒子还在。由于巴里·詹宁斯(继埃弗里特之后的第一位屋主)和莫娣·刘易斯彩绘屋协会的斯蒂芬·奥特豪斯都尽职尽责地守护着莫娣的遗物,这些失踪物品的去向一直是一个谜。直到新斯科舍格林伍德的克里斯克少校和夫人给我打来电话,谜团才得以解开。他们曾用一美元从埃弗里特那买下熨斗,但是没有买下他提供的其他东西。埃弗里特出售的物品还包括莫娣去世后他收到的慰问卡。他把所有待售的物品都扔在一个空巧克力盒子里,标价一美元。由于不识字,埃弗里特看不懂上面写了什么:

致以我最深切的同情和祷告。

理查德·尼克松

丧偶之人卖掉别人送给自己的慰问卡,这种情况真是难得一见。

对埃弗里特来说,莫娣的存在意味着陪伴,后来则意味着一部分收入来源。多年以来,他一直是家里的二把手,这让他颇感不安。莫娣去世后,埃弗里特没有为她立下一块墓碑。相反,他将莫娣原本的名字"莫娣·道利"刻在刘易斯家族石碑的底部,而那块石碑是

无题

约 1966 年　刨花板　油彩　22.8cm×30.7cm　伊芙·维克沃尔收藏

一匹黑马拉着一辆马车,里面载着的很有可能是正在巡诊的乡村医生。

无题

年份不详　刨花板　油彩　23cm×30.5cm　私人收藏

这是一幅夜景，在深蓝色的夜空下，乡村教堂的窗户一片漆黑。

用来纪念埃弗里特父母的。直到 1996 年，马歇尔敦的人们在莫娣家原址处为她建立了一座石堆纪念碑，这是迪格比县为这位广受赞誉和爱戴的艺术家竖立的第一个纪念碑。

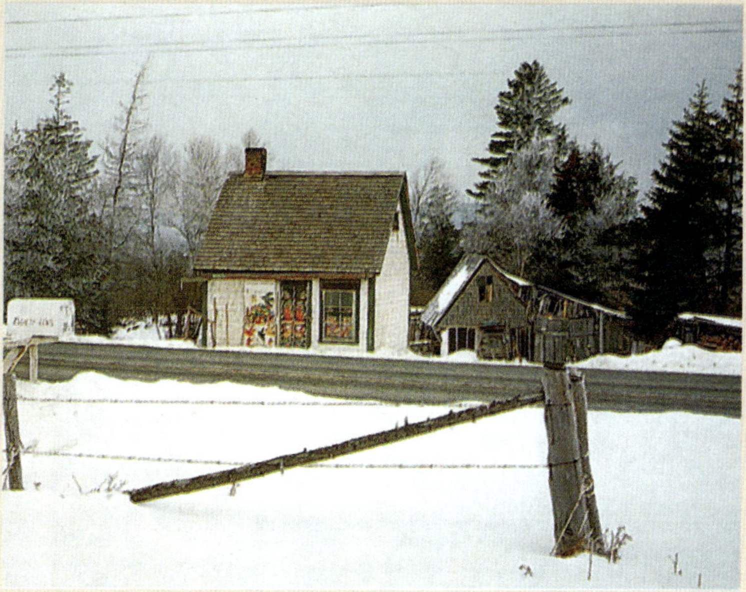

莫娣小屋将会一直温暖世人

埃弗里特去世后,他和莫娣在马歇尔敦的小房子引发了争议。埃弗里特生前曾向多位来访者明确表示:这栋房子为他所有,他在莫娣搬来以前和莫娣去世后都住在那里。然而,由于莫娣在这栋房子上留下的印记,人们更愿意称之为莫娣·刘易斯之家。为了避免这个问题,埃弗里特卖掉了大门,又重新粉刷了一遍房子。

如果没有莫娣的装饰,这栋房子并不值钱。房子外是几个棚屋,没有地基,窗框已经腐烂,屋顶覆盖的油纸在空中摇摆。在无人打理的情况下,莫娣·刘易斯之家必然会面临颓败。因为春冬两季没有暖气供应,寒风直接钻进地板下狭小的空间里。木板和钉子可经不起冬天的冰冻和春天的水淹,很快便会分崩离析。到了秋天，大风能把屋顶上的瓦片刮掉一半。但是，这栋房子早已不是普通的乡间小屋，它在莫娣的改造下成了一座远近闻名的地标性建筑，成为旅行者们来到迪格比县以后必去的景点之一。

1979年3月，在埃弗里特的葬礼后不久，当地居民成立了莫娣·刘易斯彩绘屋协会。五位创办负责人分别是艾萨克·巴特勒牧师、雷内·理查德和他的儿子保罗、莫娣的好朋友凯伊·麦克尼尔和劳埃德·麦克尼尔。

为了保护并修复莫娣·刘易斯之家，人们做出了许多尝试。在协会成立后的五年里，会长雷内·理查德努力筹集资金但收效甚微。他还在资金最短缺的时候，以个人名义借给协会六千美元。不幸的是，他的努力并没有得到回报，彩绘屋协会最终没能将保护工作进行下去，却引来了争议。这一切都源于埃弗里特财产的归属问题。彩绘屋协会的大多数成员都默认财产的继承人会将房子捐赠给他们，因为这栋房子已经不再只是一栋房子了，而是一件艺术品。因此，当继承人将房子转让给刘易斯家的远亲巴里·詹宁斯时，人们大失所望。

此外，还有一个当务之急需要解决。这栋房子与其

《郁金香》

年份不详　刨花板　油彩　23cm×30.5cm　私人收藏

他住宅并不相邻，极易遭到不法分子的破坏和盗窃。据说，埃弗里特的大部分财产已经丢失了，皇家骑警们毫无线索。前往哈利法克斯的游客称，一家画廊正在出售莫娣·刘易斯家的门，且价格不菲。不知道莫娣家的楼梯能值多少钱？

詹宁斯用胶合板为房子打造了一个外壳，这个外壳既防水又坚固，而且还能上锁，对那些小偷和蓄意破坏之人有一定的警示作用：这里是有人打理的。如果没有詹宁斯，莫娣的故居可能撑不过第一个冬天。然而，理查德却有不同的看法，他认为詹宁斯制作的外壳会加速房子内部的腐朽，事实正是如此，这个外壳虽然坚固防水，但却不密封。由于直接接触地面，加上没有人生火，房子内部充满了潮气。这样的房子在新斯科舍有过先例，它们都是从地面开始向上腐烂，而不是从屋顶开始。

1980年，詹宁斯以一万一千美元的价格将莫娣·刘易斯的房子出售给了彩绘屋协会。

1979年4月，加拿大保存技术研究院的鲍勃·阿诺德来到马歇尔敦，参观了莫娣的小房子。他指出，这座建筑正在迅速腐朽,虽然那时从灶台到通往阁楼木质台阶的花朵,以及屋内的装饰还清晰可见。

尽管协会付出了很多努力,眼看着莫娣·刘易斯之家越来越衰败,却无能为力。1981年,协会意识到房子内部的状况存在问题,遂同意将一些纪念品移至新斯科舍艺术馆。1984年,莫娣·刘易斯之家的内部已经一片狼藉,光线昏暗,发霉严重。墙上和楼梯上的彩绘通通脱落了下来,长期没有人生火的老式铸铁灶台也锈蚀严重。

最终,彩绘屋协会与新斯科舍艺术馆取得联系,请其接管莫娣·刘易斯之家。艺术馆将整栋小屋搬走,存放在土地和森林部所属的一栋建筑内。

未能在原址重建莫娣·刘易斯之家并非彩绘屋协会工作的失败,由新斯科舍艺术馆对这栋房子进行安置或许是最合适的方案。协会虽然努力尝试过多种方法,但他们始终是业余的,必须与专业组织进行合作才能达成目标。那些参观过新斯科舍艺术馆新址(目前位于哈利法克斯齐普赛的霍利斯街)的人们或许也会赞成由公共艺术馆保存莫娣的遗产。莫娣的作品散布在北美各地,

CHAPTER 3 · 莫娣与她的艺术　143

其影响力并不仅
仅局限于当地。
莫娣生前便一直
渴望一个安全而
稳定的家，我们
也希望她的遗产
能够有一个这样
的归宿。

莫娣·刘易斯之家的彩绘门
属于教育与文化部，现出
借给新斯科舍艺术馆。

《等待萨拉·雪莉》

年份不详　板子　油彩　22.8cm×30.5cm　伍拉弗家族收藏

画中的海浪正向着一条淡水小溪奔涌着,这是独属于莫娣·刘易斯和新斯科舍的欢快画面。

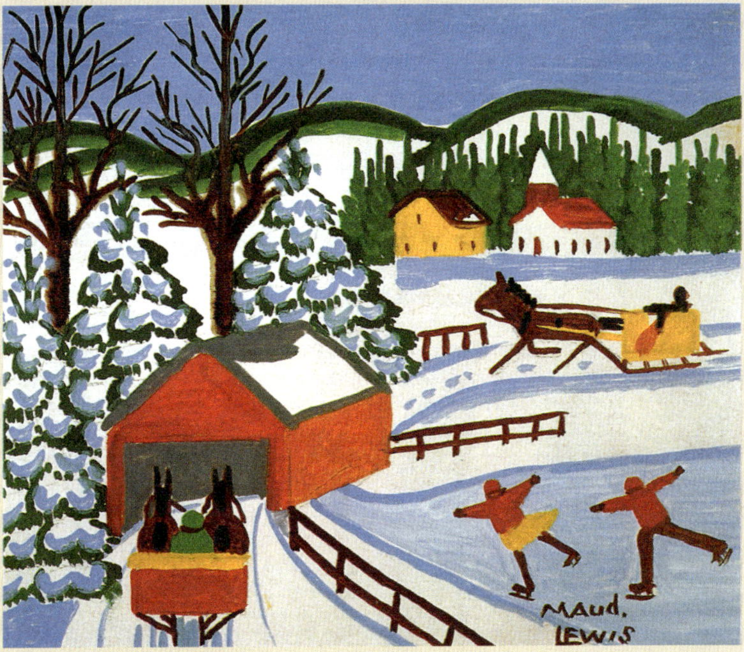
MAUD.
LEWIS

作者说

我可爱的邻居莫娣

我和姐姐的童年时光是在新斯科舍省的巴尔顿度过的。在这宜人的乡间，总是不乏奇妙的人和事物，其中最无法忽视的就是莫娣。对于童年的我来说，她是这个世界上非常有吸引力的人。

莫娣和丈夫埃弗里特住在一栋小房子里，离马歇尔敦的路边非常近。卡车司机甚至可以摇下车窗，把烟头扔进他们的大门。他们夫妇俩和这栋房子构成了一个奇怪的组合。每个人都认识他们，但鲜有人来拜访。

这栋房子其实算不上是真正意义的房子。它是一栋小木屋，横梁和木板由手工凿成，屋顶覆盖着云杉木瓦片，屋内仅有三扇窗户通向外面的世界。房屋的面积大约 3.75 米 × 4 米，包含一个房间和一个阁楼。由于整栋房子是用锛和斧头打造的，人们无法从它的结构中找到一条直线。房屋内部空间狭小,瘦高的埃弗里特几乎能碰到天花板。不过,这栋房子倒是很适合驼背的莫娣,人们经常能看到她一个人坐在窗边抽着香烟。

虽然夫妻俩的举止古怪,但是他们色彩斑斓的房子迎接着来往的车辆,给人们带来一种不同寻常的愉悦感:莫娣在窗玻璃上画满了鲜艳的水仙花;在防风门上画上可爱的红胸蓝鸟;在内门上画上美丽的蝴蝶和天鹅。奇妙的是,黑天鹅总是靠近彼此紧紧拥抱,白天鹅则背对而立。

为了给房子添加色彩,埃弗里特爬上了屋顶,把烟囱周围的木质瓦片涂成鲜红色。除了彩绘装饰,埃弗里特还在房子周围和屋内的阳台上放了一些铁皮罐子,里面种着一簇簇五颜六色的甜豌豆。整栋房子色彩浓烈,你必须聚精会神,才能区分出哪些是彩绘,哪些是实物。莫娣在"出售画作"的牌子上画上红胸蓝鸟和粉色苹果花,效果显著。路过的司机们纷纷放慢速度欣赏这奇妙的画作。有时,他们还会停下来购买一幅画或者一张卡片。

对我和姐姐来说,这些稀奇古怪的东西就像童话故事。

第一个在我们面前赞美莫娣·刘易斯的人,是我们的历史老师凯伊·麦克尼尔。她是莫娣的"助手",帮她把画作寄给远方的买家。

多年来,埃弗里特一直是贫民农场的守夜人。大约在20世纪60年代,农场倒闭,埃弗里特随即失业。那时,我父亲是一名律师,也是莫娣的赞助人,购买了她很多画作并帮忙推销。有一次,我们去他们家取画,我惊讶地发现房子内部采用的装饰与外部一样,都是天鹅、知更鸟和花朵。通往阁楼的台阶上画着矢车菊,铸铁炉子上则是雏菊,书桌边上还画着一个正在午睡的小毛驴。莫娣把她的新作品放在身边,撑起晾晒,确保光线能够穿过窗户照射它们。倘若是在雨天,她会把新作品放在炉子的保温箱上。在孩子的眼中,这些画作的颜色是如此迷人、明亮而闪烁,仿佛阳光照亮了布满鹅卵石的河床。我被吸引住了。然而,当时的我也对如此简陋的房子和莫娣畸形的身体感到排斥。此外,房子里弥漫着油漆和松节油的味道。

我的父亲是莫娣为数不多的常客之一,会委托她绘制一些特定的场景。其中有一幅是我姐姐和她的圣诞礼物，还有一幅是我弟弟麦克斯在圣诞树下的肖像。那时，我总认为父亲对莫娣作品的兴趣既浪费时间又浪费金钱，他每次去取画的时候还会带上精美的奶酪和点心作为礼物答谢，这让我有些不解。

1965年，当莫娣出现在电视上，成为加拿大广播公司出品的《遥望群星》系列纪录片的主题时，我感到惊讶不已。后来，更令我吃惊的事情发生了：时任地区总理的罗伯特·斯坦菲尔德拜访了莫娣夫妇。在20纪60年代，斯坦菲尔德是迪格比举足轻重的人物。最令人震惊的是，在20世纪70年代尼克松担任美国总统期间，白宫订购了莫娣的两幅画作。我简直不敢相信这一切，尽管这些都白纸黑字地刊登于《迪格比信使报》上。

当时的我并没有为莫娣过早的离世感到惋惜，也并不认为她是一个艺术家，更是丝毫不了解她为新斯科舍留下了多么宝贵的遗产。

莫娣于1970年逝世。那时，我的父亲已经成为一名法官，而我正在欧洲。我在荷兰国立博物馆欣赏了伦勃朗的《守夜人》，在法国卢浮宫欣赏了《蒙娜丽莎》，都让我激动不已。

我本以为凡·高的作品会和荷兰、佛兰德斯其他艺术大师的一样,但事实并非如此。他的画作看起来极其简单,颜料的飞溅和波纹清晰可见,仿佛出自孩童之手。难道这就是大家一直讨论的作品吗?我惊呆了,心中充满了疑惑。与莫娣·刘易斯粗糙的作品相比,凡·高的画并没有多么精致。

在那年的夏天,我走遍了一个又一个的美术馆。但我始终无法忘记凡·高的作品,它们给我极大的启示。他笔下的人和动物如莫娣的作品一样迷人。当我回到新斯科舍,漫步在田间或是相思谷的野樱桃树下时,我脑海中浮现的是凡·高的作品,而非伦勃朗浓烈深沉的油画,也非透纳的朦胧画作。

我开始对父亲委托莫娣完成的作品感到好奇。有一天,我和母亲把它们从储藏室里拿了出来,这些画作还没有装裱,但是我们用细绳搭建了一个临时的美术馆。从天花板开始直到地面,我们每隔一米就制作一个绳圈,把画作穿进去。当四十幅作品被小心翼翼地挂起后,我们站到远处欣赏。画作中斑斓的色彩如同沙滩上

《出售画作》

年份不详　黑色板子　船用涂料　76.2cm×61cm　伍拉弗家族收藏

莫娣的路边广告牌"出售画作"。

的篝火瞬间将我们征服。阳光透过窗户照亮了画面，奇妙的色彩呈现在作品上。

我和母亲曾写过一篇关于莫娣的文章，寄给了《女主人》杂志，还收到了七百美元的稿费。

为了给这些画配文字，我开始按季节排列它们。上边是冬天的场景，下边是夏天的场景。通过莫娣的画，我看到了迪格比所有快乐的瞬间：劳动的场景——渔民在捕捉龙虾、农民在耕田、铁匠在熔炉里打铁；迪格比的每一个地方——相思谷的小桥和溪流、巴尔顿的老码头、普里姆角的灯塔；以及每一种动物、花朵和小鸟——郁金香花丛中的猫、夏天树荫下的牛、苹果花丛

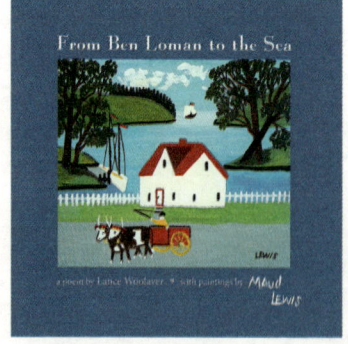

间的知更鸟。

根据莫娣画作中的场景,我写了两个小故事,分别是《乡村邮递员的圣诞节之旅》和《从本·洛曼到海》,于1979年出版。有人评价道:"迪格比是如此幸运,能够以这种方式被记录下来。"

1979年,埃弗里特因一场意外去世。此后,他们夫妇的小房子便被移走。莫娣·刘易斯在迪格比生活过的痕迹从此荡然无存。她的墓碑上仅写着她的原名"莫娣·道利"。

几年前,我与一位家族旧友鲍勃·布鲁克斯重逢,他是一名颇有建树的摄影师。他曾在1965年拜访过莫娣和埃弗里特,并在马歇尔敦的小房子里为他们拍摄了一组生活肖像。所以,我们决定合作编写这本传记,让人们重新认识莫娣及其作品。这本传记第一次全面介绍了莫娣·刘易斯的生活和艺术。我们希望以此来纪念她的爱情,她的精神,以及为我们留下的艺术。

兰斯·伍拉弗

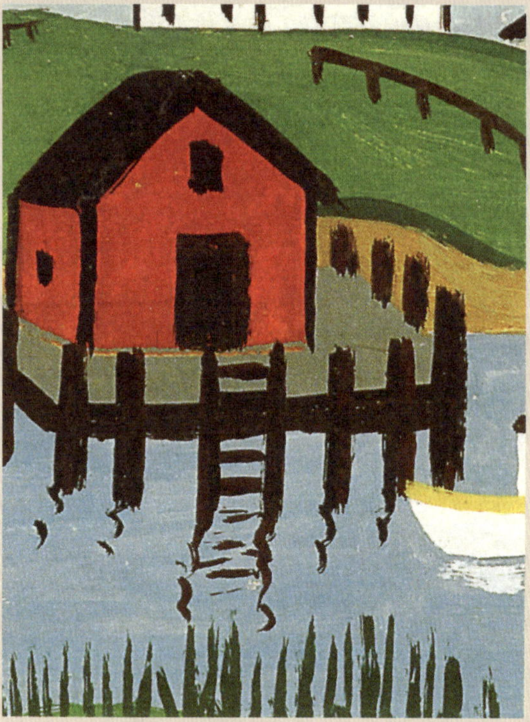

后记

每天太阳升起，
照亮莫娣画满画的窗子

1995年，我来到了迪格比县的马歇尔敦，想重拾与莫娣·刘易斯有关的情感与记忆。尽管莫娣一生的酸甜苦辣被写进了传记、搬上了舞台、呈现在了展览中，但我总感觉遗漏了些什么。

据我所知，莫娣将自己的作品看得很平常。她从未以艺术家身份自居，只把自己当作迪格比县众多手艺人中的一员，认为自己和制作木桶、篮子、木箱、独木舟的匠人们没什么区别。

尽管莫娣的画作已经变得非常值钱，但在所有诞生于新斯科舍乡村地区的艺术品中，它们并不是最昂贵的。

与莫娣同时代的艺术家还有迪格比的理发师哈

里·特拉斯克和广告牌画家波布·麦克纳特。哈里的老理发店就在犹太湾,虽然我没有过去参观,但我猜理发店的墙上很有可能挂着一两幅莫娣的画。哈里本人也是以自学的方式尝试艺术创作,他的作品虽然没有受到来自迪格比以外的人的关注,但是受到了当地居民的赞赏,在县内举办的展览会和比赛中均获得过奖项。哈里店铺隔壁就是《迪格比信使报》的办公室,埃迪斯·沃利斯曾在那里写下了关于莫娣的文章,并展示了她的两幅作品。我的追忆之旅并不成功,哈里和埃迪斯都已经过世了。理发店被关闭了,《迪格比信使报》也被收购了。埃迪斯·沃利斯在沃利斯印刷厂和信使报工作过的证据已然消失不见,一些珍贵的资料和老照片也被带走了,包括莫娣夫妇早期的黑白照。

随后,我离开了迪格比,前往马歇尔敦。我沿着当初莫娣去见埃弗里特时走的路线行走。莫娣爬过的老铁路栈桥现在已经不在了,甚至连火车轨道也被占用了。我经过一条废弃的马路,先是看到一堆正在晾晒的红皮藻,然后是"道格拉斯—出售被子"的广告牌,紧跟着的是一块指向山脊的牌子,上面写着"土豆泥馅饼—新鲜的冷冻的都有"。我还匆匆地看了一眼斯蒂芬·奥特豪斯的民俗雕刻，它们伫立在绿色的草地上，像一群终于脱离了救济的贫民，在阳光下闪着光芒。我想起斯蒂芬几个星期前曾充满感激地说道："你知道莫娣，她可以说是我们所有人的母亲。我从来没有想过有一天我会放弃做木工，用我最大的爱好——雕刻来养活自己。"

虽然刘易斯家的房子已经被搬走了，但我猜想埃弗里特的棚屋或许会留下一两个，然而事实证明我错了。在莫娣曾经坐过的那片草坪上，长着熟透的树莓，在夏日阳光的照射下，一切看起来是那么甜蜜而温暖。我在草丛中和树莓丛中闲逛着、寻觅着，并没有试图挖开地面，因为我知道埃弗里特埋在地下的几罐现金和硬币早就被挖走了，人们带着金属探测器和铁锹检验过好几次。

但是，我的记忆苏醒了。我找到了房子曾经矗立过的地方，还有那块半埋在土里的混凝土构件，它曾为莫娣的拖车提供支撑。此外，我在埃弗里特的垃圾堆有两个其他的发现。

在不远的贝尔河，我的父母保存着六十幅莫娣创作的画作精品。但是一股神秘的力量驱使着我在这些垃圾堆里翻来找去，或许就是那些我仍然没有找到答案的谜团。

第一个发现是找到的一只金属旧碗，上面有一些淡淡的颜料和花朵的图案，一看便知是出自莫娣之手。历经近三十年的风雨，这只碗并没有生锈，因为它是搪瓷的，上面的油彩也没有脱落，我将碗放进车里。

我的第二个发现是莫娣从雅茅斯的父母家带来的钟。它已经生锈得不像样了，上面的玻璃也碎成了四大块。埃弗里特没能以一两美元的价格将这只钟卖出去，便将它丢弃了。它的白铁皮表面在莫娣的手工装饰下显得格外显眼。

正如每天太阳升起，照亮莫娣画满画的窗子，这只钟也见证了她在马歇尔敦的岁月。三十多年来，它在这栋路边的小房子里陪着她熬过生活的贫穷和痛苦，陪着她画出充满快乐和色彩的内心世界，陪着她装点屋内所有能够画画的地方，陪着她将微笑回报给这个世界。

莫娣一定有一双洞察万物的眼睛，所以才能在生活的废墟中找到闪光的东西，她的画温暖耀眼，就像她画中这个美好的世界。她只画她记忆里美好的事物，原谅

无题

年份不详　刨花板　油彩　30cm×36cm　私人收藏

在完成这幅画后不久,莫娣便去世了。画面中,一对兄妹在结冰的池塘上快乐地滑着冰,背景中的人们驾着雪橇踏上回家的路,远处的教堂窗户被灯火照亮。

这世界的不美好。

　　常常听到年轻人感慨,好想爱这个世界啊,可你看,他们眼里充满了焦虑、沮丧和浮躁,这个世界的恶意很轻易地就将他们击垮了。真正想要爱这个世界的人,是像莫娣那样,在这个薄情的世界里深情地活着。

《冬景》

约 1950 年　板子　油彩　29.5cm×34.8cm　新斯科舍艺术馆藏

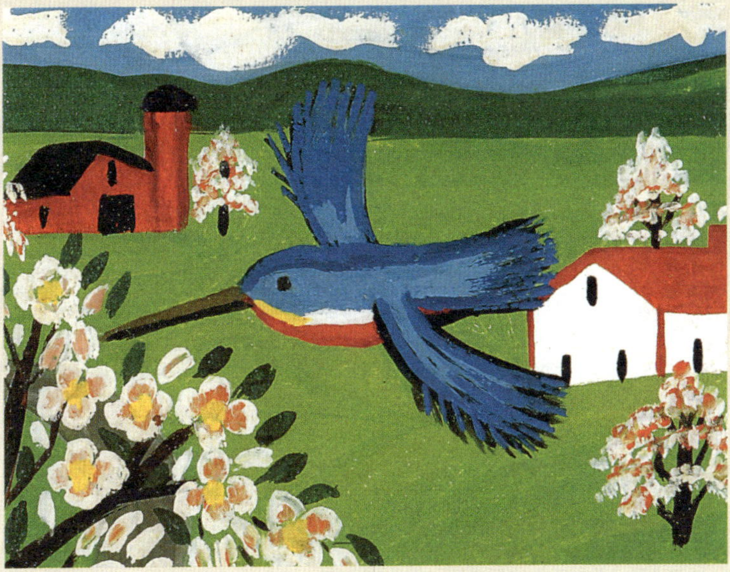

致谢

写这本书的过程中，鲍勃·布鲁克斯的摄影作品给了我诸多灵感和启示：关于莫娣、埃弗里特夫妇和他们的小房子，总是有一些细节让我捉摸不透。这时，我只要细细翻看他的摄影作品，便能重拾童年的记忆。

我永远不会忘记，在这本书撰写和编辑的过程中，多萝西·布莱斯展现出的恒心和伊丽莎白·伊芙对我的照顾。我相信，等到白发苍苍的那一天，我们仍能回忆起这段美好的经历，感谢自己没有放弃。

很多莫娣·刘易斯的粉丝给我们来信提供了素材，请恕我们无法一一向他们表达感谢。从迪格比县到华盛顿特区，信件如同雪花一般带着成千上万个故事向我们飞来，有的令人开怀大笑，有的则令人心碎不已，我们都视若珍宝。然而，我还是希望能够在此特别感谢以下这些朋友：弗雷德·特拉斯克、斯蒂芬·奥特豪斯、内莉·穆伦、默里·巴纳德、阿瑟·沙利文、卡维尔·格雷、多丽丝·麦考伊、戈登·芒特、比尔·弗格森、格特鲁德·赫西、约翰·金尼尔、穆里尔·维诺特、伯特·波特、约翰·卡罗尔·惠特克、弗里·西布雷、雪莉以及菲利普·伍拉弗。倘若没有他们的帮助，这本书便不会这么生动有趣。他们为我们解答了许多谜团，甚至主动送来纪念品和艺术品。这一切都是对莫娣·刘易斯艺术成就的最好证明。

最后，我衷心感谢新斯科舍艺术馆的伯尼·里奥登、朱迪·迪茨和凯利·里根，还有塞玛弗设计的斯蒂文·思利普。当我开始写这本书的时候，他们和尼布斯出版社一起成为我的搭档。正如以前我父亲机翼上写的那句话，我们"穿越逆境，飞向群星"。

L.G.W.1996年于哈利法克斯

此外，新斯科舍艺术馆向以下人员致以诚挚的谢意，感谢他们为本书和莫娣·刘易斯艺术展做出的贡献：

作者兰斯·伍拉弗；摄影师鲍勃·布鲁克斯；尼布斯出版社的多萝西·布莱斯；加拿大丰业银行的皮特·戈德索、杰克·基思、桑德拉·斯图尔特；克雷格视觉和表演艺术基金会的杰克·克雷格、琼·克雷格；艺术与交流顾问珍妮特·康诺弗、妮娜·怀特；塞玛弗设计的斯蒂文·思利普和尼尔·梅斯特；研究员凯利·里根；莫娣·刘易斯彩绘屋协会；AGNS莫娣·刘易斯之家委员会：主席梅尔夫·罗塞尔、艾伦·亚伯拉罕、肯·康奈尔、玛克辛·康奈尔、安·玛丽·库伦、弗雷德·麦吉利夫雷、安迪·林奇、斯蒂芬·奥特豪斯、鲍勃·布鲁克斯；新斯科舍省：地区总理约翰·萨瓦奇阁下、约翰·麦凯克伦阁下、罗伯特·哈里森阁下、理查德·曼恩阁下；加拿大遗产部博物馆协助项目的希拉·科普斯；西南地产有限公司的詹姆斯·施帕茨；AGNS部门领导及成员：副总监兼项目组主管弗吉尼亚·斯蒂芬、收藏及美术馆服务组经理朱迪·迪茨、公共关系及发展组经理米里亚姆·盖瑞特、行政人员苏·廷利；艺术馆商店经理桑德拉·温特；艺术管理员劳瑞·汉密尔顿；策展人苏珊·弗谢；布伦达·加拉根、克里斯汀·达维、罗伯特·斯科特；管理员克雷格·迪克斯以及詹尼弗·麦克劳克林；教育与文化部的艾利森·毕肖普；自然资源部的罗伯特·布鲁萨姆；希瑟·哈里斯；吉利斯·麦凯-莱昂斯建筑设计的托尼·吉利斯和布莱恩·麦凯-莱昂斯。

  我们尤为感谢本次展览的出借人以及慷慨捐赠画作和为艺术馆提供资金支持的朋友。

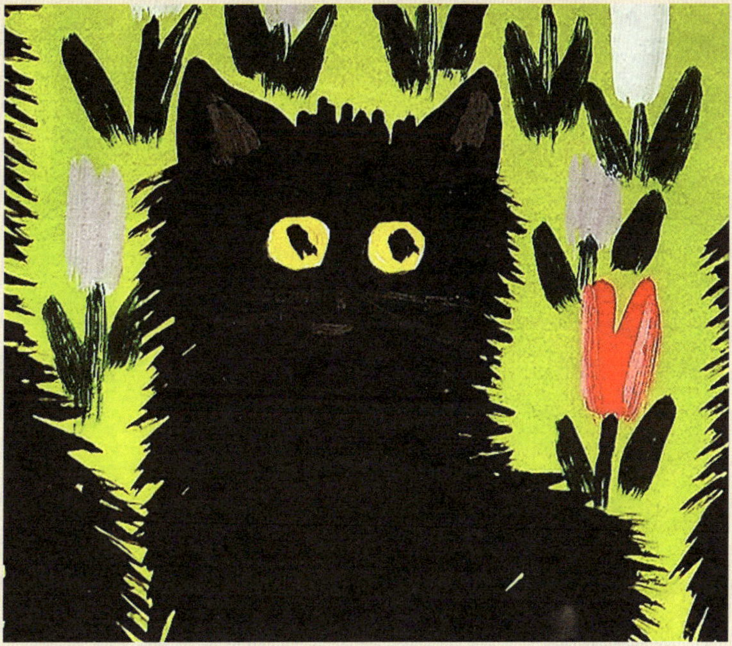

附录

每一幅都是她独特的艺术表达

在大多数风和日丽的日子里,莫娣·刘易斯家的大门都是敞开的,大门外有一块牌子,上面写着"出售画作"。多年来,许多游客或有意或无意地走进这扇精心装饰的大门,用几美元买下她那些令人情不自禁地产生愉悦的画作,这些画的主题丰富多样,一对猫咪、一头牛、一匹小马或一辆雪橇等。

1996年,在莫娣去世近三十年后,新斯科舍艺术馆向所有拥有莫娣·刘易斯画作的人发出邀请,希望他们能来协助制定莫娣的作品清单,为这次展览和这本书奠定基础。受到莫娣"敞开大门"精神的影响,人们纷纷前来,使得莫娣——加拿大最受欢迎的民间艺术家之一的作品能够再次面世。

莫娣1901年出生于新斯科舍省的雅茅斯县,她一

《春日的牛》
年份不详　板子　油彩　30.5cm×35.6cm　雷斯、克莱尔·海恩收藏

莫娣画的牛是她最畅销的作品。

生都在距离出生地不到一小时车程的地方度过。从许多层面来讲,她过着一种受限制的生活,鲜少离开家。但是透过她画作中绚丽的色彩和构图,人们可以窥见她内心世界的活力和快乐。在她三十岁出头的时候,她和埃弗里特·刘易斯结为夫妇,从迪格比搬到了马歇尔敦的小房子里。从窗户到楼梯,再到阁楼,甚至火炉,她在这栋小房子里画满了令人愉快的画,每一幅都是她独特的艺术表达。

莫娣、埃弗里特夫妇去世后,这栋房子便因年久失修而迅速颓败。1979年,新斯科舍艺术馆参与到它的保护工作中,加拿大保存技术研究院对建筑进行了分析。由当地市民组成的莫娣·刘易斯彩绘屋协会付出了极大的努力,争取多方的支持,希望能够修复莫娣·刘易斯的房子,以纪念这位他们心爱的民间艺术家。

转眼到了1983年,当地居民仍然没有足够的财政支持完成房屋的修复。因此,他们将莫娣的房子以及房屋内的物品转交给了艺术馆。当时,关于如何安置这栋房子,人们考虑了多种可能性。若情况允许,文化遗产应被安置在其原本的位置;若情况不允许,则应将其以

无题

1965 年　纤维板　油彩　32.3cm×35cm　海伦·贝弗里奇收藏

画中展示的是新斯科舍的海湾风光,两位捕龙虾的渔民,分别是埃迪·巴尼斯和埃德·墨菲。

完整的结构移入仓库。在经过讨论后,新斯科舍省供应和服务部将这栋房子从马歇尔敦移走,存放在韦弗利(靠近哈利法克斯)的一个仓库里。

目前,这栋房子受到工作人员的妥善保管,它将会一直存放在艺术馆被永久收藏。当时,相关部门还在考虑在哈利法克斯的滨水区建立一个新的新斯科舍艺术馆,希望能够更好地展出那些受到国际认可的民间艺术品。在艺术馆不断扩充的藏品中,除了莫娣·刘易斯的彩绘作品,这栋房子也将成为一个焦点。

1976年展出的"20世纪新斯科舍作品展"是艺术馆首次涉足民间艺术。这次活动的迅速成功直接导致了艺术馆对这一领域的长期投入。"新斯科舍的民间艺术"不仅在全国范围内展示了当地艺术家的作品,同时也为那些自学成才的艺术家正名——他们的作品值得业界和大众的认可。很快,由艺术馆承办的,具有地方性、全国性甚至国际性意义的民间艺术展相继问世,比如"游戏板"(1981),"弗朗西斯·西尔弗1841—1920"(1982),"镌刻时光"(1985),"新斯科舍的室内装饰画"(1986),"新斯科舍精神:民间传统装饰艺术

1780—1930"（1987），"新斯科舍民间艺术，加拿大的文化遗产"（1990）和"新斯科舍民间艺术"（1992年）。展览地点包括加拿大国家美术馆（位于渥太华）、安大略省美术馆（位于多伦多）、加拿大之家（位于英国伦敦）和加拿大驻美大使馆（位于美国华盛顿特区）等。这些民间艺术遗产让艺术家、美术馆和新斯科舍省有了更高的国际知名度。

至今，在民间艺术领域，艺术家本人并不像他们的作品一样为大众所熟知。民间艺术品的诞生往往是出于实用性的目的，是特定时间、特定环境下的产物。18、19世纪，英美文化强大的影响力阻碍了本土文化的发展，而本土文化恰恰是民众不同生活背景的体现。到了19世纪80年代，新斯科舍省凭借当地资源，大力发展工业。经济的繁荣发展为人们带来了闲暇时光，激发了人们艺术创作的活力。全省各地纷纷出现了画家、雕刻家、纺织艺术家等等，他们创造了无数独具个性与魅力的作品。然而，这些艺术工作既没有统一的形式，也没有形成规模。艺术家们大多数时间是独自创作，没有进入主流艺术的视野。直到20世纪后半叶，当收藏界

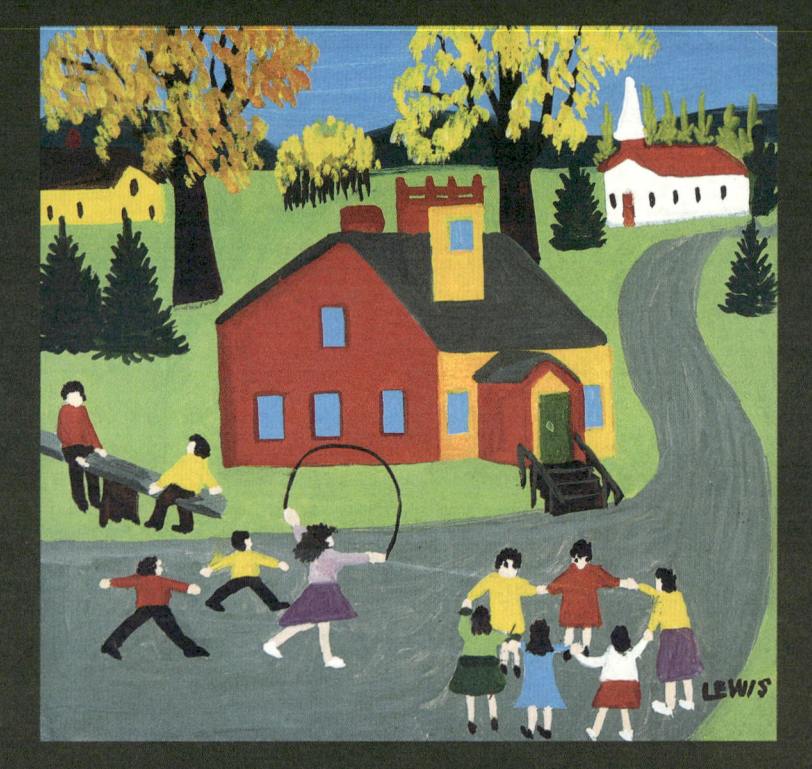

《操场》

年份不详 板子 油彩 22.8cm×30.5cm 伍拉弗家族收藏

奥克丹学校,位于新斯科舍省安纳波利斯县的贝尔河。

人士、交易商、策展人和学者们对詹姆斯·赫特尔、弗朗西斯·西尔弗、柯林斯·艾森豪尔、乔·诺里斯、艾伦·古尔德·沙利文和莫娣·刘易斯等艺术家产生兴趣时，这些民间艺术作品才受到重视。而唯有当民间艺术吸引"主流"目光时，这些艺术家对新斯科舍艺术发展的卓越贡献才得到承认。

民间艺术家通常是自学成才，他们独特的自我表达形式让民间艺术熠熠生辉。这一点在莫娣·刘易斯的作品中体现得尤为淋漓尽致。民间艺术摆脱了"高雅艺术"的束缚，是一种具有加拿大精神和本质的艺术形式。它延伸于艺术家的生活和经历，是一种自然而然的具象化。这是属于普罗大众的艺术，它反映了一种对人生价值的回归、一种对生命本质的重新审视和一种对目标和愿景的纯粹，是当今世上最激动人心的视觉表达方式之一。

如今，民间艺术已经受到了正式的关注和认可。加拿大艺术历史学家J.罗塞尔·哈珀将其称为"人民的艺术"。1973年，哈珀写道："我们很难对民间艺术做出定义……民间艺术品由心思细腻的手工艺人打造，具有

莫娣·刘易斯家精心装饰的门。

装饰格调和艺术格调，置于简朴的住宅和环境中供人欣赏。"其他学者的侧重点则有所不同。在一本美国的标准教材中，民间艺术被描述为"一种传统的、通常具有民族色彩的艺术表现形式，不受专业艺术风格趋势的影响"。许多北美作家则倾向于使用"朴素艺术"或"原始艺术"指代民间艺术，以避免把"民间"一词与某个特定的民族联系起来。而欧洲作家倾向于使用"流行艺术"这个词，用以暗示它是一种起源于大众的艺术。

但是，以上所有定义都存在一个问题：它们只涉及了民间艺术的作品，其目的是配合博物馆中的展品。一个严格的定义必须考虑民间艺术的创作动机，必须重视艺术家创造性的艺术表达。这些充满想象力的作品扎根于艺术家们过去和现在的经历，与专业艺术大相径庭。尽管民间艺术的表现形式多种多样——从质朴的原始感到迷人的天真感，人们仍然能够透过它所呈现出的物质文化，体会到一个地区（如新斯科舍乡村地区）社会历史的变迁。在莫娣·刘易斯的作品中，乡村生活的主题多次出现，我们能够明显地感受到一种独特的文化价值认同。鲜花、猫咪、雪橇、鸟儿、小鹿、牛队的形象都是直接取材于艺术家的生活和经历。莫娣用她内心的力量、勇气、坚韧、幽默和乐观照亮了这个世界,让这些看似平凡的事物充满了光彩和活力。

本书在向莫娣·刘易斯致敬的同时,以时间顺序记录了她的生活经历和成就。这是尼布斯出版社和新斯科舍艺术馆通力合作的成果,是艺术馆筹划的莫娣·刘易斯作品全国巡展的一部分。作者兰斯·伍拉弗多年来致力于编撰莫娣·刘易斯的故事,其家族亦与莫娣·刘易斯有着长期紧密的联系,这使他成为本书作者的不二人选。他对这一领域的了解和热爱在他的作品中有着充分的体现。除了本书以外,他还撰写了两部以莫娣的绘画作品为主题的书籍和一部近来刚出版的剧本《没有阴影的世界》。摄影师鲍勃·布鲁克斯将他的个人风格和技术技巧运用到对莫娣及其作品的复现中。我们感谢兰斯·伍拉弗和鲍勃·布鲁克斯让莫娣·刘易斯的记忆永存,让后世能够欣赏她的故事和艺术。

此外,大众向艺术馆提供了许多莫娣·刘易斯的作品和故事,研究人员凯利·里根已经仔细地将它们汇编成册。他们每个人对莫娣的欣赏、尊重和爱戴都溢于言表，为曾经拥有过她的作品感到自豪。

1979年，艺术馆开始参与莫娣·刘易斯的遗产保护工作，至今已历经数载。最初，当滨水区用地的提议没有通过时，保护和开发计划不得不陷入停滞。后来，艺术馆定址哈利法克斯的霍利斯街1741号，一些原有的藏品才在五年后得以恢复。为筹措资金保护莫娣的房子、保证艺术馆拥有一个固定的场所，艺术馆成立了一个特别委员会，由梅尔夫·拉塞尔担任主席。此外，艺术馆还制订了一项五年战略计划，提出要专门为莫娣·刘易斯和她的房子修建艺术馆。随后，艺术馆确定了行动方案，在加拿大遗产部（the Department of Canadian Heritage）的慷慨支持和阳光城购物中心的热心协助下，找到了一个可以对房屋进行保护处理的场地。

与此同时，艺术馆于1996年计划将马歇尔敦遗址开发为纪念馆。在全体新斯科舍人民的慷慨捐助下，这一目标在1996年的秋天实现。项目的如期完成离不开肯·康奈尔和玛克辛·康奈尔的领导和斯蒂芬·奥特豪斯的协助，以及迪格比贸易委员会和当地居民投入的大量努力。

至于莫娣·刘易斯作品展本身，计划真正开始成形是在1995年，当时丰业银行成为展览的主办方。1996年，随着工作的进展，克雷格视觉和表演艺术基金会确认参与协办。1997年1月，展览在哈利法克斯开幕，并在随后的两年间进行全国巡展。

莫娣·刘易斯项目由多个部分组成，它们为艺术馆提供了一个绝佳的机会去践行它的使命——"将艺术和民众联系起来"，让更多人接触艺术。比如，艺术馆从莫娣·刘易斯彩绘屋协会处获得了莫娣作品的版权，通过出售画作的复制版筹集资金，进一步推动项目的进展。

莫娣·刘易斯既是新斯科舍的标签，也是加拿大的瑰宝。她代表着民间艺术家不受主流艺术所限制的自由精神，打破了人们对艺术的预设。她的作品充满了喜悦和纯粹，点亮了人类精神之光。

伯纳德·里奥登

新斯科舍艺术馆主理人

1996年8月

无题

1965 年　刨花板　油彩　29.2cm×34.3cm　鲍勃、玛丽安·布鲁克斯收藏

图书在版编目（CIP）数据

人间美好/(加)兰斯·伍拉弗著；(加)鲍勃·布鲁克斯摄；李子旭译. — 北京：北京日报出版社，2021.1（2022.4重印）

ISBN 978-7-5477-3861-0

Ⅰ.①人… Ⅱ.①兰… ②鲍… ③李… Ⅲ.①人生哲学-通俗读物 Ⅳ.①B821-49

中国版本图书馆CIP数据核字(2020)第204898号

著作权合同登记 图字：01-2020-7025号

Copyright © 1996, 2017 Lance Woolaver, Bob Brooks
The simplified Chinese translation rights arranged through Rightol Media
（本书中文简体版权经由锐拓传媒取得 Email:copyright@rightol.com）

人间美好

责任编辑：	史 琴
助理编辑：	秦 姚
作 者：	[加]兰斯·伍拉弗
摄 影：	[加]鲍勃·布鲁克斯
译 者：	李子旭
监 制：	黄 利 万 夏
特约编辑：	张久越
营销支持：	曹莉丽
版权支持：	王秀荣
装帧设计：	紫图装帧
出版发行：	北京日报出版社
地 址：	北京市东城区东单三条8-16号东方广场东配楼四层
邮 编：	100005
电 话：	发行部：(010) 65255876
	总编室：(010) 65252135
印 刷：	艺堂印刷（天津）有限公司
经 销：	各地新华书店
版 次：	2021年1月第1版
	2022年4月第2次印刷
开 本：	787毫米×1092毫米 1/32
印 张：	6
字 数：	90千字
定 价：	55.00元

版权所有，侵权必究，未经许可，不得转载